名文で学ぶ英語の読み方

北村一真

SB新書
663

はじめに

皆さんは、英語を読んで「上手い表現だな」と思わず唸ってしまった経験はありますか。たとえば、次の文章を読んでみてください。

Before I thought, I started to tell the others what an experience I was having. The cat was almost out of the bag when I grabbed it by its tail and pulled it back.

難しい文法や単語は使用されていないので、一見、取り組みやすそうです。しかし、第2文の茶目っ気のある描写を雰囲気まで含めて味わおうとすると、意外と難しいのではないでしょうか。

この文を面白くしているポイントは2つあります、1つは「秘密を漏らす、漏らさない」ということを表現するのに、secret のような文字どおりの語句を使わずに、let the cat out of the bag「うっかり秘密を漏らす」というイディオムを下敷きにした言い回しが用いられている点。もう1つは、almost... when~ という行動や判断における咄嗟の変化を描写する表現が用いられている点です。この2つが組み合わさることで、危うく飛び出してしまうところだった猫のしっぽをなんとかつかんでカバンに引き戻した情景（比喩）が浮かび上がり、すべてを言ってしまいそうになったギリギリのところでハッとして思いとどまった臨場感が、ユーモア交じりにありありと伝わってきます。「上手いこと言うなあ」と、思わずニヤッとしてしまう表現です。

本書は、英文の面白さを読み解いていく、いわば、「英文鑑賞」の入門書です。英文読解が英語の意味を正しく理解することであるのに対し、英文鑑賞は、その良さや面白さまで味わうことです。言うまでもなく、後者の方がより高い英語力が必要となります。大学受験レベルの英語をひとまずクリアしたという人でも、「英語を読んで心が動かされた！」「この英語上手いなぁ」というところまで感じた経験がある人は、少数派ではないでしょうか。同時に、「そこまで味わえたら英語の学習もより楽しくなるだろう」と感じている人もいらっしゃるはずです。

本書はまさにそういう人に向けて執筆したものとなります。一度は英語で読んでみたい「名文」と呼ばれる文学作品を題材に、解説やクイズで鑑賞の視点を補いながら、楽しく英文鑑賞力を鍛えられる内容になっています。

文学作品の価値

どうして文学作品を題材として選んだのか、という点について少し触れておきましょう。

英語（あるいは他のどの外国語でも）では、抽象度の高い評論文や専門書よりもカジュアルな文章の方が手強く感じられるということがよく指摘されます。これは特に不思議なことではありません。日常的な風景を具体的に描写したものの中にこそ、その言語特有の表現が頻出するからです。何気ない英語の表現の仕方に意味を見出し、それを楽しむことができるようになるためには、こういった英語らしい言い回しや表現を知り、それらに敏感になることが1つの鍵になります。文学作品には、まさにそのタイプの表現があふれているため、中級レベルの人が一歩先を目指して訓練する際の素材としてうってつけなのです。もちろん、その分、難しさもありますが、少し苦戦したとしても、興味深いストーリーや作品自体に関する知識の助けを借りながら読み進めることができるでしょう。

リーディングの力は他の技能の根幹ともなる

上で「英文読解」の一歩先に「英文鑑賞」があるということを述べましたが、「読解」にしても「鑑賞」にしてもリーディングであるという点では同じです。ひょっとすると、「中高大と英語を勉強してきたのに満足のいく英語力が身についていないのは、リーディング中心の日本の英語教育のせいじゃないのか。今更リーディングなんて」と感じている人もいるかもしれません。そこで、英語学習におけるリーディングの重要性についても少しお話しさせてください。

昨今、英語の4技能の中でも特に「スピーキング」が重視され、日本の伝統的な英語教育が文法読解偏重であったと指摘されていることは皆さんもご存じのとおりです。そのような流れの中で、英文読解やリーディングが何かと批判の対象となりやすいのは、不思議なことではないでしょう。

しかし現代において、リーディングは他の3技能を鍛える上で最も有効なアプローチと言えます。英語力の向上に不可欠な大量のインプット（読んだり聞いたりして英語を受信すること）を日本にいながら行う上で、正確な読解力は非常に強力な武器となるからです。
　たとえば、英語を読む力がある人にとって、現代のインターネットはインプットの宝庫です。ニュースやゴシップから古典的な文学作品に至るまで、魅力的なテキストに無料でいくらでもアクセスできるようになっています。読解力が高ければ高いほど、自分の興味関心に合った英語の読み物を容易に見つけることができるでしょう。また、動画配信サイトでは、英語圏のニュースや番組が数えきれないほど公開されています。その多くは英語字幕をつけたり、スクリプトを入手したりすることができるため、しっかりと読む力がある人ならば、こういった動画音声素材を独習に活用することも可能です。
　要するに、インターネット社会の現代においては、リーディング力の有無が、有意義な「大量インプット学習」の可否に大きく影響を与えると言ってよく、今こそリーディングに改めて目を向けるべきなのです。

本書の構成と進め方

　本書は、３つの章で構成されています。第１章は１ページ以内に収まる超短編の童話作品を、第２章は数ページから成る標準的な短編小説を、そして、第３章は長編小説の抜粋をそれぞれ扱っています。
　第１章については、『イソップ物語』の英訳から有名どころを選んでいるので、話の筋はほとんどの読者の方がすでにご存じのはずです。背景知識を可能な限り生かしつつ、まずは英語で物語を最初から最後まで読み切るという体験をしてみてください。

物語をしっかりと読むということに慣れた後は、数ページから成る短編を扱った第2章に進みましょう。分量が多くなって少し大変かもしれませんが、素材に選んだ2作品のうち、1つ目のラフカディオ・ハーン "Yuki-Onna"「雪女」は知名度の高い作品です。第1章と同様、背景知識を生かした読み方に挑戦してみてください。「雪女」を攻略する頃には、おそらく皆さんにとってあまり馴染みのない2つ目の短編、アンブローズ・ビアスの "John Mortonson's Funeral"「ジョン・モートンソンの葬儀」にも取り組めるだけの体力がついているのではないかと思います。

最後の第3章は、第1〜2章で身につけた力を生かして、ジョージ・オーウェルの『動物農場』の抜粋に挑戦します。本書の総仕上げとして、20世紀を代表するイギリス作家の作品を存分に味わってください。

各章とも、半ページから1ページ程度の英文の抜粋に解説と和訳が続く形が基本となっています。第2章までは、英文の構造把握力に不安がある人でもじっくりと取り組めるようにほとんどすべての英文に構造の解説をつけました。また、それぞれの抜粋英文の直後には2〜3題のクイズを設けており、答えを考えながら英文を読み進めることで「鑑賞」の視点を押さえたより能動的な読書体験ができるはずです。本書を通じて、英文を読む楽しさを少しでも感じていただけたら幸いです。

北村一真

CONTENTS

第3章　長編に挑戦する

第1章

†

童話で読む英語

Micro stories

本章では、「ショートショート」と呼んでもよい極めて短い物語を通して、皆さんを英文鑑賞の入り口へとお連れします。扱う作品は、かの有名な『イソップ物語』の英語訳です。一部、古典的な表現が見受けられますが、読みやすく美しい文体と巧みなストーリー展開が特徴的です。大量の英語を読むことに慣れていないという人もぜひ気楽に取り組んでみてください。

1.1

"The North Wind and the Sun"

さて、最初は『イソップ物語』の中でも特に知名度の高い作品の１つである「北風と太陽」に取り組んでみましょう。おそらくは誰もが一度は読んだり聞いたりしたことがある物語なので、語学的に少し難しいところがあっても、前提知識を活用して取り組めるのではないかと思います。

$_1$The North Wind and the Sun disputed as to which was the most powerful, and agreed that he should be declared the victor who could first strip a wayfaring man of his clothes. $_2$The North Wind first tried his power and blew with all his might, but the keener his blasts, the closer the Traveler wrapped his cloak around him, until at last, resigning all hope of victory, the Wind called upon the Sun to see what he could do. $_3$The Sun suddenly shone out with all his warmth. $_4$The Traveler no sooner felt his genial rays than he took off one garment after another, and at last, fairly overcome with heat, undressed and bathed in a stream that lay in his path.
$_5$Persuasion is better than Force.

—"The North Wind and the Sun"

語句

- dispute：「議論する、討論する」
- should：「…することとする」
  ＊ここは話者の意志を表す shall が時制の一致を受けて should になった形。やや古風な用法です。
- declare O C：「O を C だと宣言する」
  ＊本文は受動態で S be declared C「S が C だと宣言される」の形になっています。
- strip A of B：「A から B をはぎ取る」
- wayfaring：「移動中の、道中の」
- might：「力」
- keen：「強烈な」
- resign：「を諦める」
- call upon O to 不定詞：「O に…するよう求める、要求する」
- genial：「快適な、心地よい」
- fairly：「相当に、まったく」
- stream：「小川」

QUIZ ここがわかると面白い！

① 第1文の後半の関係代名詞節 who... の先行詞は何？

(➡正解は…P.15)

② 第3文の with all his warmth と対になっている表現はどれ？

(➡正解は…P.18)

③ 教訓を述べた第5文に出てくる Persuasion と Force を象徴しているのはそれぞれ本文中のどの単語？（②が大きなヒント）

（➡正解は…P.21）

英文解体

●第1文

The North Wind and the Sun disputed as to which was the most powerful, and agreed that he should be declared the victor who could first strip a wayfaring man of his clothes.

【全体の構造】

The North Wind and the Sun (S)

{ disputed (V1) as to...
, and
agreed (V2) that... .

文全体の骨格としては、The North Wind and the Sun という主語に、disputed as to...「…について議論した」と agreed that...「…と同意した」という2つの動詞句が , and で並列されて述語として続いている形。

ポイント

as to... は、ここでは「…に関して」を意味する前置詞の用法です。which was the most powerful は「どちらが最も強いか」という疑問詞節。

ここがわかると面白い！の解説①

agreed「同意した」ことの内容を表すthat節の内部が少し難しいですね。he should be declared the victor「彼が勝者だと宣言されるようにする」という箇所を見て、違和感を覚えたでしょうか。ここは北風と太陽が勝負の条件について決めているところなので、he「彼」が北風か太陽のいずれかを指すというのは奇妙です。そこから、heの説明は後ろに出てくるのではないかと考えることができたかどうかがポイントです。この視点があれば、who could... の関係代名詞節が直前のthe victorではなくheを修飾していることがスムーズに理解できると思います。

QUIZ ①の答え：he

【that節の構造】

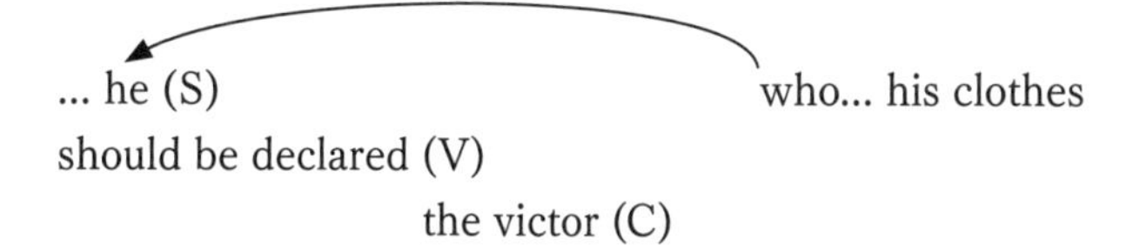

この場合のheは特定の誰かを指す代名詞というよりはsomeoneのように漠然と「人」を表す用法と見なすとわかりやすいでしょう。少し古い英語ではheやtheyがsomeoneやpeopleに近い意味で用いられていました。that節全体の意味としては、「歩いている男の服を先にはぎ取ることができた方が勝者と宣言されることにする」という意味になります。

●第2文

The North Wind first tried his power and blew with all his might, but the keener his blasts, the closer the Traveler wrapped his cloak around him, until at last, resigning all hope of victory, the Wind called upon the Sun to see what he could do.

【全体の構造】

The North Wind (S)
　　first tried (V1) his power (O)
　　and
　　blew (V2) with all his might
, but
the keener his blasts, the closer the Traveler wrapped his cloak around him
{, until at last... .}

文全体の骨格としては、2つの大きな節をbutが結んでいます。前半はThe North Windという主語にtried...とblew...という2つの動詞句が続く形。後半はthe 比較級..., the 比較級～「…すればするほど、～」の構文に続けて、, until...が文末に置かれています。

ポイント

前半にあるwith all his mightのmightは、ここでは「かもしれない」という意味の助動詞ではなく、「力」を意味する名詞として使われています。mighty「力強い、マイティ」や almighty「全能の、オールマイティの」と関連づけると理解しやすいでしょう。

後半にある the keener his blasts は、his blasts の後に be 動詞の were を補って考えます。この構文では主語や be 動詞の部分がよく省略されることを覚えておきましょう。

例：The simpler, the better.「単純であればあるほどよい」

【until節の構造】

, until at last
(, resigning all hope of victory,) ←分詞構文の挿入
the Wind (S)
　　called... (V).

後に続く until 節は「…まで」というよりは、「そして、とうとう…になった」と結果を表す感じ。at last「ついに」という副詞の存在からもそれが読み取れます。続く resigning all hope of victory「勝利の望みを完全に諦めて」という分詞構文の挿入にも注意したいですね。

call upon O to 不定詞の形は「O に…するよう求める」という意味ですが、ここでは challenge に近いニュアンスで「O に…やってみろと言う」といった感じに訳すとよいでしょう。

●第3文

The Sun suddenly shone out with all his warmth.

【全体の構造】

The Sun (S)
　suddenly shone out (V) (with all his warmth).

ここがわかると面白い！の解説②

短くて構造的に難しいところはありません。with all his warmth の部分が第 2 文の with all his might と類似した表現になっている点に気づいたでしょうか。ご存じのとおり、「北風と太陽」は、力ずくによる強制と丁寧で優しい説得の対比を描いた物語であり、第 2 文の blew with all his might と第 3 文の shone out with all his warmth はまさにこの 2 つを象徴的に表す部分となっています。その対比がより明確になるように、あえて類似の表現を用いていると考えることもできますね。

with all his might
　↑
対比
　↓
with all his warmth

QUIZ ②の答え：**with all his might**

●第4文

The Traveler no sooner felt his genial rays than he took off one garment after another, and at last, fairly overcome with heat, undressed and bathed in a stream that lay in his path.

【全体の構造】

The Traveler (S)
　　　no sooner felt (V)
　　　　　　his genial rays (O)
　　　　　　　　　than he took off... .

no sooner... than ~は「…するとすぐに〜する」という重要構文。太陽の暖かい光を感じてすぐに男が服を脱ぎ始めたそのスピード感を感じ取りましょう。

ポイント

he took off one garment after anotherは「服を次々に脱いだ」ということ。**one 名詞 after another**は「(名詞を／が) 次々に」という意味です。, and at lastの後については、fairly overcome with heatがコンマ (,) で挟まれていることから挿入であることをしっかりと読み取り、undressed and bathedという動詞句がandによってtook offと並列されていることを理解できるかがポイントとなるでしょう。

【than以降の構造】

than
he (S)
took off (V1) ... ,

and
at last
(, fairly overcome with heat,) ←分詞構文の挿入
undressed and bathed ... (V2).

勘のよい人はすでに気づいているかもしれませんが、この文の終わりの and at last... の箇所は第 2 文の終わりの , until... の部分との対比になっています。at last のような共通の副詞があること、ともに分詞構文の挿入によって結末に至る経緯が描写されていることがその対比をより際立たせています。

●第5文

Persuasion is better than Force.

ここがわかると面白い！の解説③

イソップの物語は寓話集ですから、具体的な物語をたとえにその教訓を伝えるものとなっています。この物語では、意図された教訓が最終文で明示されています（このように最後に教訓を示すのは本章で使用しているタウンゼンド訳以降の慣例のようです）。ここまで北風と太陽のやり方の対比を意識しながら読んできた人にとっては、太陽のやり方

=warmth が persuasion の象徴、北風のやり方 =might が force の象徴であったことを読み取るのは容易いでしょう。②で確認した対比の関係も大きなヒントになりますね。

QUIZ ③の答え：Persuasion → warmth
Force → might

訳例

北風と太陽は、どちらが一番強いかを言い争って、旅人の衣服を最初にはぎ取った者を勝者とすることで合意した。北風が最初に腕試しをし、力いっぱい吹きつけた。しかし、風が強ければ強いほど、旅人はマントをしっかりと体に巻きつけるばかりだった。北風はついには勝利の望みを捨てて、太陽に君ならどうできるかやってみろとけしかけた。太陽は突然、全力で暖かさいっぱいに輝き出した。旅人はその心地よい光を感じるやいなや、次々と衣服を脱ぎ、とうとう暑さに堪えきれずに裸になって、行く手にある小川に飛び込んだのだった。説得は強制に勝るのだ。

1.2

“The Shepherd’s Boy and the Wolf”

続いて、やはり抜群の知名度を誇る「狼少年」の話です。嘘をつき続けると最後には信じてもらえなくなるという教訓を説いた物語です。

$_1$A Shepherd-boy, who watched a flock of sheep near a village, brought out the villagers three or four times by crying out, “Wolf! Wolf!” and when his neighbors came to help him, laughed at them for their pains. $_2$The Wolf, however, did truly come at last. $_3$The Shepherd-boy, now really alarmed, shouted in an agony of terror: “Pray, do come and help me; the Wolf is killing the sheep;” but no one paid any heed to his cries, nor rendered any assistance. $_4$The Wolf, having no cause of fear, at his leisure lacerated or destroyed the whole flock.
$_5$There is no believing a liar, even when he speaks the truth.

—“The Shepherd’s Boy and the Wolf”

語句

- shepherd-boy：「羊飼いの少年」
- a flock of sheep：「羊の群れ」
- bring out：「外に駆り出す」
- alarmed：「不安で、不安を感じて」
- agony：「苦悩」
- pray：「どうか、お願いだから（please の古い言い方）」
- pay heed to...：「…に注意を払う」
- render assistance：「助ける、援助する」
- at one's leisure：「都合のよいように、好きなように」
- lacerate：「切り裂く」

QUIZ ここがわかると面白い！

① 第1文の crying out, "Wolf! Wolf!" に由来する英語の言い回しは？ また、それはどういう意味？ （➡正解は…P.25）

② 第2文の did にはどういうニュアンスがある？

（➡正解は…P.25）

③ 第5文の There is no ...ing の構造がもとになったと考えられる、町でよく見かける英語表現は？ （➡正解は…P.28）

英文解体

●第1文

A Shepherd-boy, who watched a flock of sheep near a

village, brought out the villagers three or four times by crying out, "Wolf! Wolf!" and when his neighbors came to help him, laughed at them for their pains.

【全体の構造】
A Shepherd-boy (S)
(, who watched a flock of sheep near a village,)

brought out (V1)
　the villagers (O1) three or four times by...Wolf!"
and
(when his neighbors came to help him,)
　　　　↑副詞節の挿入
laughed at* (V2)
　　them (O2) for their pains.

* 上の構造図では laugh at を 1 つの他動詞のように扱っています。

主語の A Shepherd-boy の後ろに関係代名詞の非制限用法が挿入されており、また、少し長めの動詞句の中にも when 節の挿入があって、かなり長い 1 文になっています。挿入表現に惑わされず A shepherd-boy (S) brought out (V1) ...and laughed at (V2) ... という構造をしっかりと把握しましょう。

ここがわかると面白い！の解説①

この物語の crying out, "Wolf! Wolf!" の部分がもとになった表現に cry wolf「誤報を伝えて人々を驚かせる、騒ぎを起こす」というものがあり、これは現代英語でも用いられています。日本語でも嘘ばかり言って信用をなくすことを「狼少年」という俗語で揶揄することがありますね。

QUIZ ①の答え：**cry wolf「誤報を伝えて騒ぎを起こす」**

●第2文

The Wolf, however, did truly come at last.

ここがわかると面白い！の解説②

構造については、however の挿入があるだけで難しい箇所が見られないごくシンプルな文です。ただし、助動詞 did の使用には要注意です。助動詞 do とその否定形の do not は、節で述べられている事柄が事実かどうかを明示する働きを持っています。ここで、あえて did が置かれている理由は、「本当は狼などきていなかった」という直前の内容とのコントラストを明確にするためです。したがって「それまで作り話だった狼が、今度はとうとう本当にやってきた」というニュアンスがこの文からは読み取れます。

QUIZ ②の答え：**狼など実はきていなかったという直前の文脈と、実際に狼がやってきたということのコントラストを強調するニュアンス**

●第3文

The Shepherd-boy, now really alarmed, shouted in an agony of terror: “Pray, do come and help me; the Wolf is killing the sheep;" but no one paid any heed to his cries, nor rendered any assistance.

【全体の構造】

The Shepherd-boy (S)
(, now really alarmed,) ←分詞構文の挿入
shouted (V) (in an agony of terror):
"Pray, do come and help me; the Wolf is... sheep;"(O)
but
no one (S)
paid any heed to* (V1)
his cries (O1)
nor
rendered (V2)
any assistance (O2).

* 上の構造図では pay any heed to を1つの他動詞のように扱っています。

かなり長い1文になっていますが、実質は but によって2つの文が結ばれたような形ですね。前半では、引用符のセリフの内容が shouted の実質的な目的語になっていること、後半では nor によって、paid... と rendered... という2つの動詞句が並列されていることに気をつけましょう。

●第4文

The Wolf, having no cause of fear, at his leisure lacerated or destroyed the whole flock.

【全体の構造】

The Wolf (S)
　(, having no cause of fear,) ←分詞構文の挿入
　at his leisure　{ lacerated (V1) / or / destroyed (V2) }
　　　　　　　　　　the whole flock (O).

主語である The Wolf の後に続く , having no cause of fear,「恐れる理由がないため」は分詞構文の挿入で、理由を表現しています。

●第5文

There is no believing a liar, even when he speaks the truth.

ここがわかると面白い！の解説③

there is no ...ing は「…できない」を意味する定型表現。そこから派生して「…してはならない」という意味でも用います。街中で見かける「禁煙」という意味の No smoking や「進入禁止」を意味する No trespassing などもこの表現の先頭の there is が取れた形ではないかとされています。

QUIZ ③の答え：No smoking, No trespassing など

訳例

ある羊飼いの少年が、村の近くで羊の群れの世話をしていて、３度、４度と「狼だ！　狼だ！」と叫んで村人を外に駆り出し、近所の人がやってくるとその取り越し苦労を笑うということがあった。ところが、とうとう本当に狼がやってきた。少年は今度は本気で不安になり、恐怖で苦しみながら「どうか助けにきてください。狼が羊を殺しています」と叫んだが、誰も彼の叫び声に注意を払わず手助けもしなかった。狼は恐れる理由がないのでやりたいように群れのすべての羊を切り裂き殺してしまったのだった。嘘つきは本当のことを言っても信じてもらえない。

1.3

"The Hare and the Tortoise"

次に読むのは「ウサギとカメ」です。こちらも話の大筋は多くの方がご存じだと思いますので、背景知識を生かしつつ読んでみてください。

[1]A Hare one day ridiculed the short feet and slow pace of the Tortoise, who replied, laughing: "Though you be swift as the wind, I will beat you in a race." [2]The Hare, believing her assertion to be simply impossible, assented to the proposal; and they agreed that the Fox should choose the course and fix the goal. [3]On the day appointed for the race the two started together. [4]The Tortoise never for a moment stopped, but went on with a slow but steady pace straight to the end of the course. [5]The Hare, lying down by the wayside, fell fast asleep. [6]At last waking up, and moving as fast as he could, he saw the Tortoise had reached the goal, and was comfortably dozing after her fatigue.
[7]Slow but steady wins the race.

—"The Hare and the Tortoise"

語句

- ridicule：「馬鹿にする」
- assertion：「主張、言い張っていること」
- assent to...：「…に同意する」
- never for a moment：「一瞬たりとも決して…ない」
- wayside：「道端」
- fast asleep：「ぐっすり眠った」
- doze：「居眠りをする」

QUIZ ここがわかると面白い！

① 第1文の Though you be swift... の be はどうして are ではなくて be になっている？ （➡正解は…P.32）

② 第2文の simply impossible はどういう意味？ （➡正解は…P.34）

③ 第6文の the Tortoise を主語とする節の前半が had reached と過去完了形に、後半が was ... dozing と過去進行形になっているのはどうして？ （➡正解は…P.37）

英文解体

●第1文

A Hare one day ridiculed the short feet and slow pace of the Tortoise, who replied, laughing: “Though you be swift as the wind, I will beat you in a race.”

【全体の構造】

A Hare (S)
(one day) ridiculed (V)
the short feet... (O)

A Hare が主語、ridiculed が動詞、the short feet and slow pace of the Tortoise が目的語で、骨格はシンプルな SVO となっています。

【Oの前半の構造】

the { short feet / and / slow pace } of the Tortoise

of the Tortoise が short feet と slow pace の両方を修飾していることを見落とさないようにしましょう。後置修飾句がかかっているのが直前の語句だけとは限らない好例です。

【Oの後半の構造】

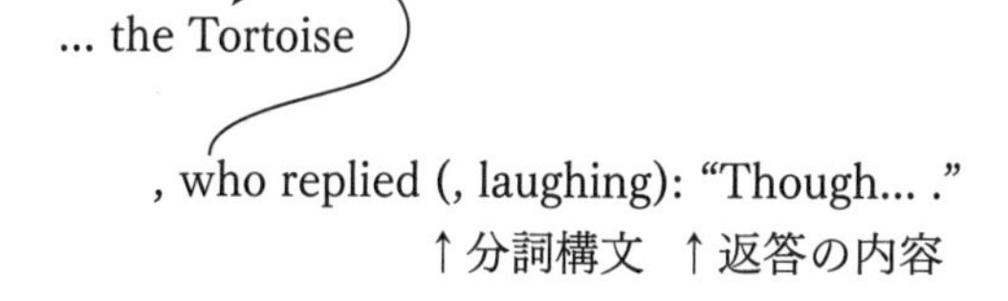

Tortoise「カメ」の反応を描写する非制限用法の関係代

名詞節がくっついています。さらにその関係代名詞節の内部に、laughing「笑いながら」という分詞構文と返答した内容を表す引用文が含まれている点にも気をつけましょう。カメの返答、"Though you be swift as the wind, I will beat you in a race." は従属副詞節の後に主節が続く形になっています。

【構造】
(Though you be swift as the wind,)
I (S)
will beat (V)
you (O) ... .

ここがわかると面白い！の解説①

ここで、though 節の動詞が原形の be になっているのはどうしてかと感じる方もいるかもしれません。結論から言うと、これは仮定法現在の一種です。現在の英語でも、if 節や whether 節など、事実かどうかはっきりしない事柄を表現する節内では仮定法現在として動詞の原形を使うことがありますが、少し古い英語では though 節や although 節などの譲歩節でもそのような用法が見られました。事実かどうか定かではないというニュアンスがあるので、「たとえ、あなたが風のように素早くとも」といった感じで解釈するのがよいと思います。

QUIZ ①の答え：**仮定法現在が使用されているため**

●第2文

The Hare, believing her assertion to be simply impossible, assented to the proposal; and they agreed that the Fox should choose the course and fix the goal.

【全体の構造】

The Hare (S1)
(, believing her assertion ... impossible,)
　↑分詞構文の挿入
　assented (V1) to the proposal;
and

they (S2)
　　agreed (V2)
　　　　that the Fox should choose the course and fix the goal (O).

全体の骨格としては、SV と SVO の 2 つの節が等位接続詞の and によって結ばれている形です。

ポイント

前半では主語である The Hare の後に、believing her assertion to be simply impossible という少し長めの分詞構文が挿入されていることに注意しましょう。

ここがわかると面白い！の解説②

simply impossible の意味として「単に不可能だ、単純に不可能だ」などを挙げた方はいないでしょうか。simplyは否定語の前で使用することで、その否定を強調して「まったく…ない、どうやっても…ない」という意味を表す用法があるため、ここは「絶対に不可能、どうやっても無理」といった感じに解釈するのが正確です。

QUIZ ②の答え：**絶対に不可能**

●第3文

On the day appointed for the race the two started together.

【全体の構造】

On the day (appointed for the race)
the two (S)
started (V) together.

シンプルな文構造ですが、appointed for the race「その競走に割り当てられた日」が過去分詞句として the day を修飾している点には注意が必要です。

●第4文

The Tortoise never for a moment stopped, but went on with a slow but steady pace straight to the end of the course.

【全体の構造】

The Tortoise (S)

never for a moment stopped, but went on (V)

with a slow but steady pace
straight to the end of the course.

SV の V のところで、前の never と後ろの but が呼応して、not A but B「A ではなく B」に近い形になっています。but を「しかし」と解釈せずに、「一瞬たりとも決して止まらず進み続けた」と考えるのが正解。末尾の with a slow but steady pace「ゆっくりだけど着実なペースで」と straight to the end of the course「コースの終点までまっすぐ」は went on を修飾する副詞的な要素です。

●第5文

The Hare, lying down by the wayside, fell fast asleep.

【全体の構造】

The Hare (S)
(, lying down by the wayside,) ←分詞構文の挿入
fell (V)
fast asleep (C).

骨格は The Hare (S) fell (V) fast asleep (C) の SVC。主語と動詞の間に lying down by the wayside という分詞構文が挿入されている点、asleep の前にある fast が「ぐっ

すりと」を意味する副詞になっている点に注意しましょう。

●第6文

At last waking up, and moving as fast as he could, he saw the Tortoise had reached the goal, and was comfortably dozing after her fatigue.

【全体の構造】

At last waking up,
and　　　　　　　　　　　　　　←分詞構文
moving as fast as he could,

he (S)
　saw (V)
　　(that) the Tortoise had reached the goal, ... (O).

2つの分詞句からなる分詞構文が置かれていて、その後に he (S) saw (V) (that) ... (O) という主節の SVO の形が続きます。the Tortoise 以降は S V ... の形をした節になっているので、saw that 節の that が省略されたものと考えるとよいでしょう。

ポイント

ここまでの文でも分詞構文が何度か登場しましたが、ほとんどが付帯状況「…しながら」か、原因・理由「…ので」の意味でした。しかし、この文ではどちらで解釈しても違和感が残ります。「起きて必死に追いかけた」という分詞構文の内容と「カメはすでにゴールしてしまっていたことがわかった」という主節の内容から判断するに、ここは逆接のニュアンスで捉えた方が自然でしょう。

ここがわかると面白い！の解説③

カメの様子を表現する箇所で、どうして一方は過去完了形に、もう一方は過去進行形になっているのかということですが、これはそれぞれの事柄が起こった時間に関係しています。ここはウサギの視点を通しての描写ですから、ウサギがゴールに到着しカメの様子を目にしている時点から見て、それぞれの事柄がどういう関係にあるのかがポイントになります。この点を考慮すると、「カメがゴールに到着した」のはウサギが見ている時よりも前のことであるので、過去形よりもさらに古いことを表現するために用いられる過去完了形がふさわしいということになります。一方、カメが眠っているのはまさにこの時のウサギの目の前で起こっていることなので、過去進行形が用いられているというわけです。

QUIZ ③の答え：**ウサギがゴールに到着した時を基準にすると、前者はすでに起こったこと、後者はその時点で起こっていることだから**

●第7文

Slow but steady wins the race.

1.1、1.2と同様、今回も最後にこの物語で得られる教訓がシンプルな1文で表現されています。Slow but steadyが形容詞なのに主語になれるのはどうしてか、と考える方もいるかと思いますが、特にこういう格言めいた言い回しでは、形容詞を用いて「そういった属性を持つ人・もの」を表現するケースがあるので注意しましょう。

例 : Small is beautiful.「小なるものは美しい」

訳例

ある日、ウサギはカメの短い脚と足の遅さを馬鹿にしたが、カメはこれに笑いながら「あなたが風のように素早くとも、競走したら私が勝つだろう」と返した。ウサギはそんなことは絶対にありえないと、カメの申し出を受け、2人はキツネにコースを選んで、ゴールを定めてもらうということで同意した。競走の日、双方は同時にスタートを切った。カメは一瞬たりとも止まることなく、ゆっくりだが着実なペースでまっすぐゴールに向かって歩み続けた。ウサギは道端で寝そべって、ぐっすりと眠りこけてしまった。ようやく目が覚めて、力の限り走ったものの、カメはすでにゴールした後で、疲れて気持ちよく眠っているのだった。ゆっくりでも着実なものが競走には勝つのだ。

1.4

"Mercury and the Workmen"

さて、次は「金の斧」を読んでみましょう。知名度はこれまでに取り上げた3つの作品と並びますが、少し長めです。短編小説を扱う第2章に向けての準備だと思って、挑戦してみてください。

[1]A Workman, felling wood by the side of a river, let his axe drop by accident into a deep pool. [2]Being thus deprived of the means of his livelihood, he sat down on the bank and lamented his hard fate. [3]Mercury appeared and demanded the cause of his tears. [4]After he told him his misfortune, Mercury plunged into the stream, and, bringing up a golden axe, inquired if that were the one he had lost. [5]On his saying that it was not his, Mercury disappeared beneath the water a second time, returned with a silver axe in his hand, and again asked the Workman if it were his. [6]When the Workman said it was not, he dived into the pool for the third time and brought up the axe that had been lost. [7]The Workman claimed it and expressed his joy at its recovery. [8]Mercury, pleased with his honesty, gave him the golden and silver axes in addition to his own. [9]The Workman, on his return to his house, related to his

companions all that had happened. [10]One of them at once resolved to try and secure the same good fortune for himself. [11]He ran to the river and threw his axe on purpose into the pool at the same place, and sat down on the bank to weep. [12]Mercury appeared to him just as he hoped he would; and having learned the cause of his grief, plunged into the stream and brought up a golden axe, inquiring if he had lost it. [13]The Workman seized it greedily, and declared that truly it was the very same axe that he had lost. [14]Mercury, displeased at his knavery, not only took away the golden axe, but refused to recover for him the axe he had thrown into the pool.

—" Mercury and the Workmen"

語句

- fell：「切り倒す」
- by accident：「偶然、過って」
- thus：「このように」
- means：「手段」
- lament：「嘆く」
- Mercury：「メルクリウス、ヘルメス、ローマ神話に登場する商業の神」
- plunge：「飛び込む」
- relate：「語る」

- resolve：「決心する」
- on purpose：「意図的に、わざと」
- the very same：「まさに同じ」

QUIZ ここがわかると面白い！

① 第3文の demanded the cause of his tears の demanded の意味は何？ (➡正解は…P.43)

② 第7文の expressed his joy at its recovery を自然な日本語に訳すとどうなる？ (➡正解は…P.47)

③ 第14文の難語 knavery の意味を本文の流れから推測してみよう。 (➡正解は…P.53)

英文解体

●第1文

A workman, felling wood by the side of a river, let his axe drop by accident into a deep pool.

【全体の構造】

A workman (S)
　(, felling wood by the side of a river,)←分詞構文の挿入
　let (V)
　　　his axe (O)
　　　drop（原形動詞) by accident into a deep pool.

骨格となる構造は、A workman (S) let (V) his axe (O) drop（原形動詞）で、let O 原形動詞「O が…するのを許す」の形。職人がうっかり斧を池に落としてしまった様子をつかみたいですね。主語と動詞句の間に felling wood by the side of a river「川岸で木を伐採していて」という分詞構文が挿入されている点にも注意しましょう。

●第2文

Being thus deprived of the means of his livelihood, he sat down on the bank and lamented his hard fate.

【全体の構造】

Being thus deprived of the means of his livelihood,
↑分詞構文

he (S)
{ sat down (V1) on the bank
and
lamented (V2) his hard fate (O).

Being から livelihood までは分詞構文で、he が主節の主語。sat down と lamented がともに主節の述語動詞で、これが and で並列されている形になっています。

●第3文

Mercury appeared and demanded the cause of his tears.

【全体の構造】

Mercury (S)
- appeared (V1)
- and
- demanded (V2) the cause of his tears (O).

and によって2つの動詞句が並列されているものの、構造はいたってシンプル。この文のポイントはもっぱら demanded the cause of his tears の解釈です。

ここがわかると面白い！の解説①

動詞の demand の意味としては「…を要求する、求める」が一般的ですが、「涙の原因を要求した」では意味が通りません。この demanded は「(強い口調で) 聞いた、尋ねた」という意味で、demanded the cause of his tears 全体は「涙の原因を尋ねた」→「どうして泣いているのかと尋ねた」となります。現代英語では、直接話法で命令文や疑問文などを引用した後によく見られる形です。

例：“When did you go there?” he demanded.
「『いつそこに行ったんだ？』と彼は問いただした」

QUIZ ①の答え：**強く尋ねる**

●第4文

After he told him his misfortune, Mercury plunged into the stream, and, bringing up a golden axe, inquired if that were the one he had lost.

【全体の構造】
(After he told him his misfortune,)
Mercury (S)
plunged (V1) into the stream,
and
(, bringing up a golden axe,) ←分詞構文の挿入
inquired (V2) if that were the one he had lost (O).

まず冒頭に、After が従える従属節があります。従属節内の he と his は「職人」を、him は「メルクリウス」を指している点を見落とさないように。主節は Mercury から始まります。plunged... stream と inquired... lost という2つの動詞句を and が並列させていますが、and と2つ目の動詞句の間に bringing up a golden axe「金の斧を持ってきて」という分詞構文が挿入されている点に注意しましょう。なお、inquired の目的語となっている if 節は名詞節ですが、be 動詞が were となっていることから、仮定法過去の形が用いられていることがわかりますね。やや非標準的な用法ではありますが、if 節は副詞節であっても名詞節であっても、節の内容が事実として確定していないという点では共通しているので、このように事実である可能性が低いことを確認する際には名詞節の中で仮定法が用いられてもさほど違和感はありません。

●第5文

On his saying that it was not his, Mercury disappeared beneath the water a second time, returned with a silver axe in his hand, and again asked the Workman if it were his.

【全体の構造】

(On his saying that it was not his,)
Mercury (S)
disappeared (V1) beneath the water a second time,
returned (V2) with a silver axe in his hand,
and
again asked (V3) the Workman (O) if it were his (O).

冒頭の on ...ing は「…するとすぐに」の意味。ただし、ここでは、saying の前に意味上の主語を表す his (=「職人」) が入り、「彼がそれは自分のものではないと言うとすぐに」という意味になっています。Mercury から始まる主節では、述語動詞にあたるものが disappeared と returned と asked の 3 つあり、それらが and で並列されています。

●第6文

When the Workman said it was not, he dived into the pool for the third time and brought up the axe that had been lost.

【全体の構造】
(When the Workman said it was not,)
he (S)
 dived (V1) into the pool for the third time
 and
 brought up (V2) the axe that had been lost (O).

3回目でメルクリウスがようやく the axe that had been lost「失くした斧」を持ってきた様子が描かれています。

●第7文

The Workman claimed it and expressed his joy at its recovery.

【全体の構造】
The Workman (S)
 claimed (V1) it (O1)
 and
 expressed (V2) his joy at its recovery (O2).

SVO の VO の部分が and で2つ並列されているだけで構造的には難しくありません。ポイントは後半の解釈、訳し方になるでしょう。

ここがわかると面白い！の解説②

expressed his joy at its recovery を「その回復に対する彼の喜びを表現した」などとしてもしっくりきません。its recovery の its は the axe「なくした斧」を指しており、recovery の対象になっています。もちろん recovery は「回復」ではなく「取り戻したこと」という意味。つまり、its recovery は「斧を取り戻したこと」と解釈すべきです。expressed his joy の部分もそのままだと堅苦しいので、思い切って「喜んだ」くらいにしてよいでしょう。合わせると「斧を取り戻したことを喜んだ」→「斧を取り戻して喜んだ」といった感じに訳せます。日本語では動詞で表現した方が望ましいものも、英語では名詞を中心に組み立てるケースがあります。its recovery のような名詞句は、その背後にある recover it「それ（= 斧）を取り戻す」という動詞句をイメージしてみるとよいかもしれません。

QUIZ ②の答え：斧を取り戻して喜んだ

●第8文

Mercury, pleased with his honesty, gave him the golden and silver axes in addition to his own.

【全体の構造】

Mercury (S)
(, pleased with his honesty,) ←分詞構文の挿入
gave (V)
　　him (O)
　　　　the golden and silver axes (O) (in addition to...).

主語の Mercury と述語動詞の gave の間に , pleased

with his honesty,「彼の正直さを喜んで」という分詞構文が挿入されていることを除いてはシンプルなSVOOの文であり、構造的には難しくありません。ただし、物語全体の理解という点では重要な箇所ですので、この文は頭の片隅に置いておきましょう。

●第9文

The Workman, on his return to his house, related to his companions all that had happened.

【全体の構造】

The workman (S)
(, on his return to his house,)
　　related (V)
　　　(to his companions)
　　　　all that had happened (O).

挿入されている複数の前置詞句をしっかり見極めるように注意しましょう。on his return to his houseはコンマ(,)で挟まれているのですぐに挿入だとわかりますが、to his companionsも、related「語った」という動詞とall that had happened「起こった出来事」という目的語の間に入り込んだ前置詞句です。

●第10文

One of them at once resolved to try and secure the same good fortune for himself.

【全体の構造】
One of them (S)
　　at once resolved (V)
　　　　to try and secure... (O).

ポイント

try and secure... は、try to secure... の略式表現で、「…を確保しようとする」という意味です。

●第11文

He ran to the river and threw his axe on purpose into the pool at the same place, and sat down on the bank to weep.

【全体の構造】
He (S)
ran (V1) to the river
and
threw (V2) his axe on purpose into the pool...
, and
sat down (V3) on the bank to weep.

3つの動詞句を並列させるために、A and B and C という形になっており、一見、3つ以上のものを並べるときは最後以外、接続詞をコンマ（,）で代用するというルールに沿っていないようにも見えます。ただし、ここではV1とV2を一連の動作として一塊で考え、それを以下のようにまとめてV3と結びつけているとも考えることができます。

(V1 and V2), and V3

ポイント

3つ目の動詞句部分に出てくるto weepは「泣くために」と解釈すると意味が通りません。ここは結果を表現するto不定詞でsat down on the bank to weepの意味は「川辺に座り込んで泣いた」となります。

●第12文

Mercury appeared to him just as he hoped he would; and having learned the cause of his grief, plunged into the stream and brought up a golden axe, inquiring if he had lost it.

【全体の構造】

Mercury (S)
appeared (V1) to him
just as he hoped he would
; and
(having learned the cause of his grief,)
↑分詞構文の挿入
plunged (V2) into the stream
and
brought up (V3) a golden axe (O)
, inquiring if he had lost it.

↑文末の分詞構文

やはり、ここでも appeared、plunged、brought up という3つの述語動詞が、A; and B and C という形で並列されています。ここは上の例よりもさらにはっきり plunged (V2) と brought up (V3) が一連の動作だと考えられるので、これ（V2 and V3）を一塊のものとして見なし、以下のように V1 と並列させていると考えればよいでしょう。

V1, and (V2 and V3)

文末にある分詞構文 inquiring... はシンプルに and inquired... と置き換えてかまいません。このように文末に置かれた分詞構文が単に and ＋動詞の意味を表すというのはよくあることです。

ポイント

just as he hoped he would の最初の he が one of them「最初の職人から話を聞いた仲間の１人」を、２つ目の he が Mercury「メルクリウス」を指していることに注意しましょう。would の後に appear を補って考えるとよいでしょう。全体をあえて文字どおりに訳すと、「まさに彼（= 職人の仲間の１人）が彼（= メルクリウス）が現れるだろうと望んだとおりに」となります。

●第13文

The Workman seized it greedily, and declared that truly it

was the very same axe that he had lost.

【全体の構造】

The Workman (S)

seized (V1)

it (O1) greedily

, and

declared (V2)

that truly it was... lost (O2).

●第14文

Mercury, displeased at his knavery, not only took away the golden axe, but refused to recover for him the axe he had thrown into the pool.

【全体の構造】

Mercury (S)

(, displeased at his knavery,) ←分詞構文の挿入

not only took away (V1) the golden axe (O1),

but refused (V2) to recover... (O2).

主語の Mercury と述語動詞の not only took away... の間に、displeased at his knavery という分詞構文が挿入されています。また、述語動詞は、not only A but B「A だけでなく B も」で 2 つの動詞句が結ばれた形になっています。この構造を見て、これまでに出てきたある文との類似点に気づくことができるかが鍵となります。

ここがわかると面白い！の解説③

文章の流れをしっかりと追えていれば、この文が第8文と構造的に似ていることに気づくはずです。第8文と第14文の前半を改めて並べてみましょう。

第8文
Mercury, pleased with his honesty, **gave...**

第14文
Mercury, displeased at his knavery, **not only took away...**

いずれの文もMercuryを主語にして、分詞構文による挿入句（下線部）を使って彼の反応を表現し、さらに動詞句（太字部分）によって結果としての行動を述べていることがわかります。また、pleased「喜んで」とdispleased「怒って」という正反対の分詞句からも読み取れるように、この下線部分と太字部分は対照的にふるまった2人の職人に対するメルクリウスの真逆の反応を表しています。そこまで理解できれば、his knaveryのknaveryというのは、2人目の職人の欲深い行動を一語で表現した、honestyと対をなすような言葉であるはずだと判断でき、この語の知識がなくとも、dishonesty「不正、不誠実さ」くらいの意味ではないかと推測することが可能でしょう。

QUIZ ③の答え：**不正、不誠実さ**

訳例

職人が川辺で木を伐採していて、誤って斧を深い池の中に落としてしまった。生活のための手段を奪われた職人は岸に座り、運の悪さを嘆いた。するとメルクリウスが現れ、どうして泣いているのかと尋ねてきた。職人が自らの不運について告げるとメルクリウスは川に飛び込み、金の斧を持って出てきて、これがあなたのなくしたものかと尋ねた。それは自分のものではないと言うと、メルクリウスはすぐさま再び水の中へと消え、銀の斧を手にして上がってきて、これがあなたのものかとまた聞いた。職人が違うと答えると、もう一度飛び込み、失くした斧を持って上がってきた。職人はそれが自分のものだと言い、斧を取り戻せたことを喜んだ。メルクリウスはその誠実さをうれしく思い、元の斧に加えて金の斧と銀の斧も与えた。職人は家に帰ると仲間たちに起こったことをすべて話した。そのうちの１人はすぐに自分も同じ幸運にあやかろうと心に決めた。彼は川まで走っていくと、同じ場所でわざと自分の斧を水の中に落とし、岸に腰かけて嘆いた。望んだとおりに彼の前にメルクリウスが現れ、嘆く理由を聞いてから水の中に飛び込み、金の斧を持って出てきて、これをなくしたのかと尋ねた。職人はそれを欲張ってつかみ、まさに自分のなくした斧だと宣言した。メルクリウスはその不誠実な振る舞いに怒り、金の斧を取り上げただけでなく、職人が水の中に投げ込んだ斧を返すことも拒んだのだった。

第2章

†

短編をじっくりと味わう

Short stories

本章では、第1章の作品よりも少し長い、数ページにわたる短編小説を場面ごとに分けて読み解いていきます。扱うのは、小泉八雲という日本名を持つイギリスの作家ラフカディオ・ハーンと、『悪魔の辞典』などで知られるアメリカの作家アンブローズ・ビアスの作品で、いずれも怪奇・ホラー小説に属するものです。

2.1

Lafcadio Hearn : "Yuki-Onna"

さて、最初はラフカディオ・ハーンの作品に挑戦してみましょう。作者のハーンはギリシャ生まれ（本籍はイギリス）の日本研究家で、日本国籍を取得して小泉八雲という名で活躍したことでも知られています。その文体は平易でありながら美しく、かつては入試問題の課題文として頻繁に採用されました。ここでは、彼が妻の節子から聞いた日本各地の奇談をまとめた *Kwaidan*『怪談』から "Yuki-Onna"「雪女」を取り上げます。

1

[1]In a village of Musashi Province, there lived two woodcutters: Mosaku and Minokichi. [2]At the time of which I am speaking, Mosaku was an old man; and Minokichi, his apprentice, was a lad of eighteen years. [3]Every day they went together to a forest situated about five miles from their village. [4]On the way to that forest there is a wide river to cross; and there is a ferry-boat. [5]Several times a bridge was built where the ferry is; but the bridge was each time carried away by a flood. [6]No common bridge can resist the current there when the river rises.

Lafcadio Hearn: "Yuki-Onna"

語句

- apprentice：「弟子、丁稚」
- lad：「少年」
- ferry-boat：「船」
- be carried away：「流される」

QUIZ ここがわかると面白い！

① 第1文の there lived... という言い方にはどういう効果がある？
(➡正解は…P.58)

② 第2文の At the time of which I am speaking のところだけ、どうして現在進行形が用いられている？
(➡正解は…P.60)

英文解体

●第1文

In a village of Musashi Province, there lived two woodcutters: Mosaku and Minokichi.

【全体の構造】

(In a village of Musashi Province,)
there lived (V)
two woodcutters (S) :
具体的に説明
Mosaku and Minokichi.

冒頭の前置詞句の後に、there lived... という形があることから、there 構文の一種であると判断し、lived の後に登場する two woodcutters が lived の実質の主語になっていると解釈します。two woodcutters の直後のコロン（:）はこの後に具体的内容（具体例）を述べるというサインであり、その予告どおり、コロンの後には Mosaku and Minokichi という２人の木こりの人物名が続きます。

ここがわかると面白い！の解説①

第１文で用いられている there 構文は、be 動詞以外にも、存在、出現などを表す自動詞とともによく用いられます。この構文は、シンプルに存在を表現するだけでなく、文脈に新しい情報を導入する役割を担うこともあります。

コミュニケーションでは、相手がすでに知っている事柄から先に話して、新しい情報はできるだけ後に置くことが基本です。しかし、主語を文頭近くで表現せざるを得ないという英語のルール上、これまでに話題に出ていなかった人や物を文脈に導入しようとすると、普通の文の形ではどうしても先頭近くに新しい情報がきてしまうことがあります。そうした場合に、there 構文を使用することで、新しい情報を文の後半に置くことができるというわけです。この構文は、物語の導入部などに適しており、実際、*Kwaidan* に収録されているハーンの作品には there 構文から始まっているものが数多く見られます。

QUIZ ①の答え：**新しい登場人物などを物語に自然に導**

入する効果

●第2文

At the time of which I am speaking, Mosaku was an old man; and Minokichi, his apprentice, was a lad of eighteen years.

【全体の構造】

(At the time of which I am speaking,)

Mosaku (S)
　　was (V1)
　　　　an old man (C1)
; and

Minokichi, his apprentice, (S2)
　　was (V2)
　　　　a lad of eighteen years (C2).

At... speaking という前置詞句の後に、2つのSVC節が等位接続詞の and で並列されている形です。Minokichi の後の his apprentice「彼の弟子」は、Minokichi の属性を説明する同格語と考えましょう。

ここがわかると面白い！の解説②

at the time of which I am speaking は直訳すると、「私が話題にしている時点において」という意味になります。

なお、この部分が現在進行形になっているのは、物語で語られている事柄そのものは昔の出来事であっても、それを語っているのは話し手の視点で今まさに起こっていることだからです。

QUIZ ②の答え：**物語を語るという行為自体は話し手の視点から見て今まさに進行中の事柄だから**

●第3文

Every day they went together to a forest situated about five miles from their village.

【全体の構造】

Every day
　they (S)
　　went (V) together
　　　to a forest
　　　　↑
　　　　(situated about five miles from their village).

特に難しいところはありません。村から約5マイル離れた森に毎日2人が一緒に出かけていったことを説明しています。

●第4文

On the way to that forest there is a wide river to cross; and there is a ferry-boat.

【全体の構造】

On the way to that forest

<pre>
⎧there
⎪   is (V1)
⎪   a wide river to cross (S1)
⎨
⎪; and
⎪
⎩there
          is (V2)
                a ferry-boat (S2).
</pre>

ここも形はシンプルです。物語に新しい要素を導入するという there 構文の機能を思い出しましょう。

ポイント

この文から一部の節に現在形が混入しています。これは、川や船がそこにあるという状態は、ここで語られている出来事が起きた時点だけの話ではなく、語り手が物語を語っている時点においても、相変わらずそうだからだと考えられます。

●第5文

Several times a bridge was built where the ferry is; but the bridge was each time carried away by a flood.

【全体の構造】

Several times

a bridge (S1)
　　was built (V1) (where the ferry is)

; but

the bridge (S2)
　　was each time carried away (V2)
　　　　by a flood.

２つの受動態の節によって、川を渡るための橋が何度もつくられたこと、けれども、そのたびに洪水で流されたことが説明されています。

●第6文

No common bridge can resist the current there when the river rises.

【全体の構造】

No common bridge (S)
　　can resist (V)
　　　　the current there (O)
　　　　　　(when the river rises).

ここでの current は、川の「水の流れ」、there は「その場所での」という意味です。水位が上がると、普通の橋ではその川の流れに耐えきれないということが説明されています。

訳例

武蔵の国のある村に２人の木こりが住んでいて、名をモサクとミノキチといった。今語っている出来事が起こった時、モサクは老人で、弟子のミノキチは18歳の少年だった。毎日彼らは村から５マイルほど離れた場所にある森に一緒に出かけた。その森へ行くには途中で広い川を渡らねばならず、渡し船がある。渡し船がある場所に何度も橋がつくられたが、そのたびに洪水で流されてしまったのだった。普通の橋では、川が増水すると流れにとても耐えられないのだ。

2

$_1$Mosaku and Minokichi were on their way home, one very cold evening, when a great snowstorm overtook them. $_2$They reached the ferry; and they found that the boatman had gone away, leaving his boat on the other side of the river. $_3$It was no day for swimming; and the woodcutters took shelter in the ferryman's hut,—thinking themselves lucky to find any shelter at all. $_4$There was no brazier in the hut, nor any place in which to make a fire: it was only a two-mat hut, with a single door, but no window. $_5$Mosaku and Minokichi fastened the door, and lay down to rest, with their straw rain-coats over them. [6]At first they did not feel very cold; and they thought that the storm would soon be over.

[7]The old man almost immediately fell asleep; but the boy, Minokichi, lay awake a long time, listening to the awful wind, and the continual slashing of the snow against the door. [8]The river was roaring; and the hut swayed and creaked like a junk at sea. [9]It was a terrible storm; and the air was every moment becoming colder; and Minokichi shivered under his rain-coat. [10]But at last, in spite of the cold, he too fell asleep.

Lafcadio Hearn: "Yuki-Onna"

語句

- on one's way home：「(家への) 帰り道に」
- overtake：「襲う、ふりかかる」
- boatman：「渡し守」
- take shelter：「雨宿りをする」
- hut：「小屋」
- brazier：「火鉢、コンロ」
- slash：「切り付ける」
- roar：「轟音を立てる」
- creak：「キーキー音を立ててきしむ」
- junk：「中国の木造帆船」
- shiver：「身震いする」

QUIZ ここがわかると面白い！

① 第１文はどのように訳すとよい？ (➡正解は…P.66)

② 第３文の at all はどういうニュアンス？ (➡正解は…P.68)

③ 第10文の too はどこを修飾している？ (➡正解は…P.73)

英文解体

●第1文

Mosaku and Minokichi were on their way home, one very cold evening, when a great snowstorm overtook them.

【全体の構造】

Mosaku and Minokichi (S)
were (V)
on their way home, ...

when a great snowstorm overtook them.

構造としてはSVの文にwhenによる従属副詞節が続いている形ですが、後で触れるように解釈には少し注意が必要です。

ここがわかると面白い！の解説①

この文のように、主節である行為が進行中であることや完了したことを表現した後に when 節が続く場合、主節がむしろ背景を説明していて、when 節の内容の方が焦点となることが一般的です。物語文では特によく見る形で、意表を突く出来事が起こったり、変化を表現したりするような場面で用いられます。よってこの文を訳すとすれば、「ある晩、2人が帰っている途中、大きな雪嵐が襲ってきた」と英語の語順をそのまま生かす形で訳すのがベストです。

QUIZ ①の答え：「**ある晩、2人が帰っている途中、大きな雪嵐が襲ってきた」と、語順に従い後半に焦点を合わせるように訳す**

●第2文

They reached the ferry; and they found that the boatman had gone away, leaving his boat on the other side of the river.

【全体の構造】

They (S1)
　　reached (V1)
　　　　the ferry (O1)
; and
they (S2)
　　found (V2)
　　that the boatman had gone away
　　, leaving his boat on the other side of the river. (O2)

SVOの節が2つ、andで並列された形ですね。2つ目の節の目的語の内部では、最後が分詞構文の形になっていて、船の渡し守がいなくなっており、結果どういう状態になっていたかが説明されています。leaving (V) his boat (O) (on the other side of the river)「船を川の向こう岸に着けたままにして」という内容から、2人が川を渡る手段がなくなってしまったことがわかります。

●第3文

It was no day for swimming; and the woodcutters took shelter in the ferryman's hut, —thinking themselves lucky to find any shelter at all.

【全体の構造】

It (S1)
　was (V1)
　　no day for swimming (C1)
; and

the woodcutters (S2)
　　　took shelter* (V2)
　　　　　　in the ferryman's hut
, —thinking themselves lucky to find any shelter at all.
　　　　　　↑文末の分詞構文

* 上の構造図ではtook shelterを1つの自動詞のように扱っています。

やはり２つの節が並列された形です。文末にはダッシュ（—）を挟んで分詞構文が置かれていますが、これは渡し守の小屋で雨宿りをして雪をしのごうとしている２人の心境を説明しています。構造としては、thinking (V) themselves (O) lucky... (C) という think OC「O を C だと思う」の形で、to 以下の不定詞句は lucky「幸運である」と感じる理由を表現しています。

ここがわかると面白い！の解説②

... find any shelter at all の at all は「とにかく、ともかくも」という意味。直前の文脈から、突然雪に見舞われしのぐ場所がなく、仕方なく渡し守の小屋に避難したことが見てとれます。渡し守の小屋は後の文でも説明されているとおり、理想的な避難場所とは言えないわけですが、まったく避難場所が見つからないことに比べるとはるかにマシな状況です。ここに at all があることで「(どういう避難場所かは別として）ともかく非難する場所は見つけることができた」というニュアンスが表現されています。

QUIZ ②の答え：「**避難場所の質は別として、ともかく**」**というニュアンス**

●第4文

There was no brazier in the hut, nor any place in which to make a fire: it was only a two-mat hut, with a single door, but no window.

【全体の構造】

There
　was (V)
　　no brazier (S1) in the hut
　　, nor
　　any place (in which to make a fire) (S2)

　　: it was only a two-mat hut, with... no window.

There構文の主語が2つ、norで並列されている形です。コロン（:）の後の節はそこまでの描写に説得力を持たせる形で、渡し守の小屋の性質を端的に表現しています。

●第5文

Mosaku and Minokichi fastened the door, and lay down to rest, with their straw rain-coats over them.

【全体の構造】

Mosaku and Minokichi (S)

　　fastened (V1)
　　　　the door (O)
　　, and

　　lay down (V2) to rest
　　　　, with their straw rain-coats over them.

Mosaku and Minokichi という主語に対する2つの述語動詞句が and によって並列されている形です。lay down は lie down「横になる」の過去形。最後の with their straw rain-coats over them は with の付帯状況の構文で、「藁の雨がっぱが自分たちの上にのった状態で」→「藁の雨がっぱをかぶって」となります。

●第6文

At first they did not feel very cold; and they thought that the storm would soon be over.

【全体の構造】

At first

they (S1)
did not feel (V1)
very cold (C1)
; and
they (S2)
thought (V2)
that the storm would soon be over (O).

●第7文

The old man almost immediately fell asleep; but the boy, Minokichi, lay awake a long time, listening to the awful wind, and the continual slashing of the snow against the door.

【全体の構造】

The old man (S1)
(almost immediately) fell (V1)
asleep (C1)
; but
the boy, Minokichi, (S2)
lay (V2)
awake (C2) a long time
, listening to the... the door.

SVC の節が ;but によって並列されている形です。fall asleep は「眠りにつく、眠りに落ちる」という意味で丸ごと覚えましょう。S lie C は「S は C のままである」と解釈して OK。文末の listening 以下は分詞構文で、「ひどく強い風の音と雪が扉に打ち付ける音を聞きながら」という意味になります。

●第8文

The river was roaring; and the hut swayed and creaked like a junk at sea.

【全体の構造】

The river (S1)
was roaring (V1)
; and

the hut (S2)
    swayed and creaked (V2)
                    (like a junk at sea).

●第9文

It was a terrible storm; and the air was every moment becoming colder; and Minokichi shivered under his rain-coat.

【全体の構造】

It (S1)
    was (V1)
        a terrible storm (C1)

; and

the air (S2)
    was every moment becoming (V2)
                    colder (C2)

; and

Minokichi (S3)
        shivered (V3) under his rain-coat.

3つの節が ; and によって並列されています。

●第10文

But at last, in spite of the cold, he too fell asleep.

【全体の構造】

But
at last
, in spite of the cold,

he (S)
　too fell (V)
　　　asleep (C).

ここがわかると面白い！の解説③

too は文末で用いるというイメージが強いかもしれませんが、文末に置くと意味があいまいになるケースもあります。たとえば、「太郎も英語を話す」という意味で、Taro speaks English too. と表現する場合、発音の仕方によって、「太郎は英語も話す」という意味にもなりえます。こういうとき、あいまいさを解消するために、Taro, too, speaks English. のように修飾する語の直後に置いてその意味を明確にすることができます。今回の例もそのパターンで、he を修飾していることを明示するために、この位置に too が置かれていると解釈できます。

QUIZ ③の答え：**he を修飾している**

訳例

あるとても寒い日の夜、モサクとミノキチが帰路についていると、強い吹雪に襲われた。渡し船までたどり着くと、渡し守はいなくなっており、船は川の向こう岸につながれた状態だった。泳げるような日ではなかったので、2人の木こりたちは渡し守の小屋に避難し、ともかく避難できる場所があってよかったと考えた。小屋の中に火鉢はなく、火をおこせるような場所もなかった。扉が1つあるが、窓のない2畳の部屋だった。モサクとミノキチは扉をしっかりと閉め、藁の雨がっぱをかぶり横になって休んだ。最初はそこまで寒いとは感じず、吹雪もすぐに止むだろうと考えていた。

老人の方はほとんどすぐに眠り込んでしまったが、少年の方は長い間起きたまま、ひどく強い風の音と雪が扉に降り注ぐ音を聞いていた。川はうなるような音を立て、小屋は海に浮かぶ帆船のようにキーキーと揺れた。恐ろしい吹雪で、気温はどんどん低くなっていき、ミノキチは雨がっぱの下で身震いをした。しかし、とうとう、その寒さにもかかわらず、彼もまた眠りについたのだった。

3

$_1$He was awakened by a showering of snow in his face. $_2$The door of the hut had been forced open; and, by the snow-light (*yuki-akari*), he saw a woman in the room,—a woman all in white. $_3$She was bending above Mosaku, and blowing her breath upon him;—and her breath was like a bright white smoke. [4]Almost in the same moment she turned to Minokichi, and stooped over him. [5]He tried to cry out, but found that he could not utter any sound. [6]The white woman bent down over him, lower and lower, until her face almost touched him; and he saw that she was very beautiful,—though her eyes made him afraid. [7]For a little time she continued to look at him;—then she smiled, and she whispered:—"I intended to treat you like the other man. [8]But I cannot help feeling some pity for you,—because you are so young... [9]You are a pretty boy, Minokichi; and I will not hurt you now. [10]But, if you ever tell anybody—even your own mother—about what you have seen this night, I shall know it; and then I will kill you... Remember what I say!"

[11]With these words, she turned from him, and passed through the doorway. [12]Then he found himself able to move; and he sprang up, and looked out. [13]But the woman was nowhere to be seen; and the snow was driving furiously into the hut. [14]Minokichi closed the door, and secured it by fixing several billets of wood against it. [15]He wondered if the wind had blown it open;—he thought that he might have been only dreaming, and might have mistaken the gleam of the snow-light in the doorway for the figure of a white woman: but he could not be sure. [16]He called to Mosaku, and was frightened because the old man did

not answer. [17]He put out his hand in the dark, and touched Mosaku's face, and found that it was ice! [18]Mosaku was stark and dead...

Lafcadio Hearn: "Yuki-Onna"

語句

- force...open：「強引に開ける」
- all in white：「真っ白の装いをした」
- bend：「かがむ」
- stoop over...：「…の方にかがみ込む」
- spring up：「飛び起きる」
- furiously：「激しく」
- billet：「棒切れ、焚き木」
- gleam：「かすかな輝き」
- figure：「形」
- stark：「硬い」

QUIZ ここがわかると面白い！

① 第 2 文の過去完了形はどういうことを意味する？

(➡正解は…P.78)

② 第 7 文のセリフの中の I intended... the other man. は具体的にはどういうこと？

(➡正解は…P.82)

③ 第 13 文の The woman was nowhere to be seen. の be

to 不定詞はどういう意味？ （➡正解は…P.87）

英文解体

●第1文

He was awakened by a showering of snow in his face.

【全体の構造】

He (S)
  was awakened (V)
      by a showering of snow in his face.

シンプルな受動態の文です。顔に降り注ぐ雪によって目が覚めたということを描写しています。

●第2文

The door of the hut had been forced open; and, by the snow-light (*yuki-akari*), he saw a woman in the room,—a woman all in white.

【全体の構造】

The door of the hut (S1)
    had been forced open (V1)

; and
(, by the snow-light (*yuki-akari*),)
he (S2)

saw (V2)

a woman in the room (O),

↑ 言い換え

—a woman all in white.

等位接続詞の and が 2 つの節を並列させている形です。

ここがわかると面白い！の解説①

前半の述語動詞の部分が、was forced open ではなく、had been forced open になっていることで、ドアが強引に開けられたのはミノキチが雪で目を覚まして周囲を観察している時点よりも前のことだということが読み取れます。したがって、この部分は「小屋の扉が強引に開けられた」と訳すと誤りであり、「小屋の扉が強引に開けられていた」のようにミノキチが起きた時点ですでに扉が開いていた不気味さが伝わる形で訳す必要があります。

QUIZ ①の答え：**起きた時点ですでに扉が開いていたこと（扉が開けられたのは眠っている間だということ）が読み取れる**

●第3文

She was bending above Mosaku, and blowing her breath upon him; —and her breath was like a bright white smoke.

【全体の構造】

⎡She (S1)

was { bending (V1) above Mosaku,
and
blowing (V2) her breath (O) upon him

; —and

her breath (S2)
was (V3)
like a bright white smoke (C).

大きな構造としては、; —and を境目に２つの節がつながれている形になっています。また、前半の節では過去進行形の was につながる動詞の ...ing 形が bending と blowing の２つ存在し、それが and によって並列されています。

●第4文

Almost in the same moment she turned to Minokichi, and stooped over him.

【全体の構造】

(Almost in the same moment)
she (S)
{ turned (V1) to Minokichi,
and
stooped (V2) over him.

●第5文

He tried to cry out, but found that he could not utter any sound.

【全体の構造】

He (S)
  tried to cry out (V1)
  , but
  found (V2) that he could not utter any sound (O).

●第6文

The white woman bent down over him, lower and lower, until her face almost touched him; and he saw that she was very beautiful, —though her eyes made him afraid.

【全体の構造】

The white woman (S1)
    bent down (V1) over him, lower and lower
        (, until her face almost touched him)
; and
he (S2)
  saw (V2)
    that she was very beautiful (O)
      (, —though her eyes made him afraid).

2つの節が ;and によって並列されています。どちらの節にも文末に副詞節があるのが特徴です。

ポイント

前半の節の , until 節は「彼女の顔が彼に触れそうになるまで」と解釈するより、「とうとう、彼女の顔が彼に触れそうになった」と解釈する方が適切です。1.1 で扱ったのと同じパターンですね。今回の例のように、主節で段階的な変化（lower and lower）を表現した後に , until... が続いた場合は、このように結果を表す用法になることが一般的です。

●第7文

For a little time she continued to look at him;—then she smiled, and she whispered:—“I intended to treat you like the other man.

【全体の構造】

(For a little time)
she (S1)
  continued to look at (V1)
    him (O)
; —then

she (S2)
  smiled (V2)
, and
she (S3)
  whispered (V3):—
  “I intended to treat you like the other man.

大きな構造としては3つの節があり、; —then で1つ目と2つ目の節が、,and で2つ目と3つ目の節が並列されている形です。3つ目の節の whispered: —の後からは女性が whispered「つぶやいた」内容が直接引用の形で示されています。

ここがわかると面白い！の解説②

女性の最初のセリフである I intended to treat you like the other man. の具体的内容を理解するには、まずはこの文自体の意味を正しく読み取らなければなりません。the other man「もう1人の男」は当然、この文脈ではモサクのことを指し、treat... like~ は「…を～のように扱う」を意味します。よって、この文の字義的な意味は、「あなたも、もう1人の男のように扱ってやるつもりだった」ということになります。直前でこの女性がモサクの上にかがみ込んで息を吹きかけていたこと、また、ミノキチに気づくと同じようにミノキチの上に覆いかぶさってきたことが描かれているため、「もう1人の男のように扱ってやるつもりだった」というのは具体的には「覆いかぶさって息を吹きかけてやるつもりだった」ということを意味します。なお、今回の引用箇所を第18文まですべて読むと、モサクはそのせいで絶命していることがわかるため、そこまでを含めて「息を吹きかけて殺してやるつもりだった」と答えることも可能です。

QUIZ ②の答え：**モサク同様に自分の息を吹きかけて**

(殺して) やるつもりだった

●第8文

But I cannot help feeling some pity for you,—because you are so young...

【全体の構造】

But I (S)
　　cannot help feeling* (V)
　　　　　　　　some pity (O) for you,
　　　　　　　　(—because you are so young...)

* 上の構造図では cannot help... ing を1つの助動詞のように扱っています。

●第9文

You are a pretty boy, Minokichi; and I will not hurt you now.

【全体の構造】

You (S1)
　are (V1)
　　　a pretty boy (C), Minokichi;
and

I (S2)
　will not hurt (V2)
　　　　you (O) now.

●第10文

But, if you ever tell anybody—even your own mother—about what you have seen this night, I shall know it; and then I will kill you... Remember what I say!

【全体の構造】

But

(, if you ever tell anybody—even your own mother—about what you have seen this night,)

I (S1)
　shall know (V1)
　　　　　　it (O1)
; and then
I (S2)
　will kill (V2)
　　　you (O2) ...

Remember what I say!
　↑命令文

But に続いて、if の副詞節の挿入があり、その後から主節の SV が始まります。主節は SVO の節が ;and then によって２つ並列されている形です。最後の Remember what I say は大文字から始まる独立した命令文なので、厳密に言うと次の文ということになるかもしれませんが、直前の部分に明確なピリオドがなく、内容的にもつながりが強いのでこの文の中に含めました。

ポイント

if 節の内部の ever は at any time という意味で、ここでは「たとえ一度でも」というニュアンスになります。

●第11文

With these words, she turned from him, and passed through the doorway.

【全体の構造】

(With these words,)
she (S)
{ turned (V1) from him
, and
passed (V2) through the doorway.

●第12文

Then he found himself able to move; and he sprang up, and looked out.

【全体の構造】

Then
{ he (S1)
　found (V1)
　　himself (O)
　　　able to move (C)

; and
he (S2)
    sprang up (V2),
    and
    looked out (V3).

前半の節は find O C「O が C であるとわかる、気づく」という第 5 文型です。直訳は「自分自身が動けることに気づいた」ですが、「気づくと動けるようになっていた」とする方が自然かもしれません。

●第13文

But the woman was nowhere to be seen; and the snow was driving furiously into the hut.

【全体の構造】

But
the woman (S1)
        was nowhere to be seen (V1)
; and
the snow (S2)
        was driving (V2) furiously into the hut.

ここがわかると面白い！の解説③

was nowhere to be seen は was to be seen という be to 不定詞の形に nowhere「どこにも…ない」という否定語句

が加わったものです。be to 不定詞は「…する予定だ、…することができる、…すべきだ」など多くの意味があることが知られていますが、それぞれの意味が使用される場面には、一定の傾向があります。たとえば、今回のように be to の後に be ＋動詞の過去分詞形が続き、なおかつ否定の意味を持つ場合には、まず「…できる」の意味だと考えて間違いありません。つまり、the woman was nowhere to be seen は「どこにも女性を見つけることができなかった」という意味になります。

QUIZ ③の答え：可能「…できる」の意味

●第14文

Minokichi closed the door, and secured it by fixing several billets of wood against it.

【全体の構造】

Minokichi (S)
closed (V1) the door (O1)
, and
secured (V2) it (O2) (by fixing ... against it).

●第15文

He wondered if the wind had blown it open;—he thought that he might have been only dreaming, and might have mistaken the gleam of the snow-light in the doorway for the figure of a white woman: but he could not be sure.

【全体の構造】

He (S1)
　wondered (V1)
　　　　if the wind had blown it open (O1)

; —

he (S2)
　thought (V2)

that he	might have been only dreaming , and might have mistaken... woman	(O2)

: but

he (S3)
　could not be (V3)
　　　　　sure (C).

大きな構造としては、3つの節が並列されている形です。1つ目と2つ目の節は ; —が結びつけ、2つ目と3つ目の節は but が結びつけています。

ポイント

2つ目の節の目的語にあたる that 節内が少し長く、複雑になっています。節内の構造は、he を主語として、might have been only dreaming「単に夢を見ていただけかもしれない」と might have mistaken「間違ったのかもしれない」という2つの述語が and によって結ばれていますが、特に後半では、mistaken が後ろの for と呼応して、mistake A for B「A を B と勘違いする」の形になっていることを見落とさないようにしましょう。

<u>mistaken</u>

the gleam of the snow-light in the doorway =A

<u>for</u>

the figure of a white woman =B

●第16文

He called to Mosaku, and was frightened because the old man did not answer.

【全体の構造】

He (S)

called (V1) to Mosaku
, and
was frightened (V2)
(because the old man did not answer).

●第17文

He put out his hand in the dark, and touched Mosaku's face, and found that it was ice!

【全体の構造】

He (S)

put out (V1)
his hand (O1) in the dark
, and
touched (V2) Mosaku's face (O2)

, and
found (V3) that it was ice (O3) !

He という主語に対して、put out...、touched...、found... という3つの動詞句が置かれていますが、put out... と touched... は一連の動作で、found... がその結果を表しています。

●第18文

Mosaku was stark and dead...

【全体の構造】

Mosaku (S)
was (V)
stark and dead...(C)

訳例

顔に降りかかる雪で彼は目を覚ました。小屋の扉がこじ開けられており、雪明かりで1人の女が部屋にいるのが見えた。全身白装束の女だった。モサクの上に覆いかぶさるようにかがみ込み、息を吹きかけていた。その息は輝く白い煙のようだった。ほぼ同時に彼女は振り向き、こちらにも覆いかぶさってきた。叫ぼうとしたが、まったく声が出なかった。どんどん身を低くかがめ、とうとう顔が触れそうなほどにまでなった。とても美しい女性だったが、その目は恐ろしかった。女は少しの間、こちらをじっと見続けた後、微笑んで、こう囁いた。「あなたももう1人と同じようにしてあげるつもりだったけど、ちょっとかわいそう。あまりにも若いから。かわいらしい子ね、ミノキチ。今は見逃してあげる。けれど、今夜見たことを誰かに言ったら、たとえ、それが母親でも、私には必ずわかる。その時はあなたを殺すわ。私の言ったこと、忘れないでね」

そう言うと、彼女は振り返り、扉から出ていった。そこで、ようやく体を動かせるようになったので、飛び起きて外に目をやった。しかし、女はどこにもおらず、雪が激しく小屋に吹き込んできた。ミノキチは扉を閉め、複数の棒切れを使って開かないようにした。風で開いてしまったのだろうか。夢を見ていただけで、玄関口の雪明かりを白装束の女性と見間違えたのかもしれないと思ったが、確信は持てなかった。モサクに呼びかけたが、返事がなかったので怖くなった。暗闇の中、手を伸ばしモサクの顔を触ると、氷のように冷たくなっていた。モサクはこわばって死んでいたのだ。

4

$_1$By dawn the storm was over; and when the ferryman returned to his station, a little after sunrise, he found Minokichi lying senseless beside the frozen body of Mosaku. $_2$Minokichi was promptly cared for, and soon came to himself; but he remained a long time ill from the effects of the cold of that terrible night. $_3$He had been greatly frightened also by the old man's death; but he said nothing about the vision of the woman in white. [4]As soon as he got well again, he returned to his calling,—going alone every morning to the forest, and coming back at nightfall with his bundles of wood, which his mother helped him to sell.

[5]One evening, in the winter of the following year, as he was on his way home, he overtook a girl who happened to be traveling by the same road. [6]She was a tall, slim girl, very good-looking; and she answered Minokichi's greeting in a voice as pleasant to the ear as the voice of a song-bird. [7]Then he walked beside her; and they began to talk. [8]The girl said that her name was O-Yuki; that she had lately lost both of her parents; and that she was going to Yedo, where she happened to have some poor relations, who might help her to find a situation as a servant. [9]Minokichi soon felt charmed by this strange girl; and the more that he looked at her, the handsomer she appeared to be. [10]He asked her whether she was yet betrothed; and she answered, laughingly, that she was free. [11]Then, in her turn, she asked Minokichi whether he was married, or pledged to marry; and he told her that, although he had only a widowed mother to support, the question of an "honorable daughter-in-law" had not yet been considered, as he was very young... [12]After these confidences, they walked on for a long while without speaking; but, as the proverb declares, *Ki ga aréba, mé mo kuchi hodo ni mono wo iu*: "When the wish is there,

the eyes can say as much as the mouth." [13]By the time they reached the village, they had become very much pleased with each other; and then Minokichi asked O-Yuki to rest awhile at his house. [14]After some shy hesitation, she went there with him; and his mother made her welcome, and prepared a warm meal for her. ^{15}O-Yuki behaved so nicely that Minokichi's mother took a sudden fancy to her, and persuaded her to delay her journey to Yedo. [16]And the natural end of the matter was that Yuki never went to Yedo at all. [17]She remained in the house, as an "honorable daughter-in-law."

Lafcadio Hearn: "Yuki-Onna"

語句

- station：「持ち場」
- care for：「世話をする、面倒を見る」
- come to oneself：「気がつく、意識を取り戻す」
- vision：「幻影、幻」
- overtake：「追い抜く」
- relations：「親戚」
- a situation：「職」
- be betrothed：「婚約している」
- a widowed mother：「未亡人の母」
- a honorable daughter-in-law：「名誉ある義理の娘」
- rest：「休憩する」
- make O welcome：「O を温かく迎える」

- take a fancy to…：「…のことを気に入る」

QUIZ ここがわかると面白い！

① 第 4 文の calling はどういう意味？ (➡正解は…P.98)

② 第 9 文の下線部で少し特殊なのはどの部分？
(➡正解は…P.102)

③ 第 12 文の confidences はどういう意味？(➡正解は…P.105)

英文解体

●第1文

By dawn the storm was over; and when the ferryman returned to his station, a little after sunrise, he found Minokichi lying senseless beside the frozen body of Mosaku.

【全体の構造】

(By dawn)

the storm (S1)
　　was (V1)
　　　over
; and
(when the ferryman returned to his station, a little after sunrise,)

he (S2)
　found (V2)
　　Minokichi (O)
　　　lying senseless (C)
　　　　beside the frozen body of Mosaku.

２つの主軸となる節 (the storm was... と he found...) を ; and が並列させている形です。; and と２つ目の節の間に挿入されている when 節には注意しましょう。

●第2文

Minokichi was promptly cared for, and soon came to himself; but he remained a long time ill from the effects of the cold of that terrible night.

【全体の構造】

Minokichi (S1)
　was promptly cared for (V1)
　, and
　soon came to himself (V2)
; but
he (S2)
　remained (V3)
　　a long time ill (C)
　　from the effects of the cold of that terrible night.

ここも、接続詞 but が2つの大きな節を結びつけており、第1文に大枠の構造は似ていますが、1つ目の節の中の動詞句が2つあり、それが , and で並べられている点には注意が必要です。

ポイント

a long time ill の a long time は形式上は名詞句ですが、副詞的に機能して ill を修飾しています。時間を表す語句にはこのように名詞の形をしたものが副詞的に機能する例も少なくありません。

例：These days, remote work is becoming increasingly common.
「最近、テレワークがますます一般的になっている」

●第3文

He had been greatly frightened also by the old man's death; but he said nothing about the vision of the woman in white.

【全体の構造】

He (S1)
　had been greatly frightened (V1) also by the old man's death

; but

⎩he (S2)
　said (V2)
　　nothing (O) about the vision of the woman in white.

やはり、２つの主節が ; but で並列された形です。

●第4文

As soon as he got well again, he returned to his calling,—going alone every morning to the forest, and coming back at nightfall with his bundles of wood, which his mother helped him to sell.

【全体の構造】

(As soon as he got well again,)
　　he (S)
　　　returned (V) to his calling
　　　, — ⎧going alone every morning to the forest
　　　　　⎨, and
　　　　　⎩coming back at nightfall with his bundles...

　　　　, which his mother... sell.

主節の SV は he returned の１か所だけで、ダッシュ（—）以降は、returned to his calling というのが具体的にどういうことなのかを分詞構文で説明しています。この分詞構文には分詞句が going... と coming... の２つあり、これが and で並列された形になっています。

ここがわかると面白い！の解説①

calling の意味ですが、「呼びかけ」や「招集」などではなく、ここでは「天職、職業」を表します。このように考えると、具体的内容を表現した後ろの分詞構文とのつながりがスムーズになり、「仕事に戻った、つまり、毎朝森に出かけていき、木の束を持って帰ってきた」ということだと理解できますね。基本的な語が持つ意外な意味には注意しましょう。

QUIZ ①の答え：**職業、天職**

●第5文

One evening, in the winter of the following year, as he was on his way home, he overtook a girl who happened to be traveling by the same road.

【全体の構造】

One evening
, in the winter of the following year,
as he was on his way home,

he (S)
  overtook (V)
    a girl who happened to be traveling by the same road(O).

冒頭に、時間、時期、タイミングを表現する3つの副詞要素があり、そのうちどのタイミングかを表しているのが as 節になっています。それ以外はごく標準的な SVO の文です。

●第6文

She was a tall, slim girl, very good-looking; and she answered Minokichi's greeting in a voice as pleasant to the ear as the voice of a song-bird.

【全体の構造】

She (S1)
　was (V1)
　　a tall, slim girl (C1)
　　, very good-looking (C2)
; and

she (S2)
　answered (V2)
　　Minokichi's greeting (O)
　　　　　　in a voice
　　　　　　(as pleasant to the ear as...).

2つの主節が ; and によって並列されている形です。後半の節の最後の as pleasant... は、形容詞句に as ... as~ が付いた形で、a voice を後置修飾し、「鳥の歌声のように耳にとって心地のよい声」という意味になっています。

●第7文

Then he walked beside her; and they began to talk.

【全体の構造】

Then
he (S1)
walked (V1) beside her
; and
they (S2)
began to talk (V2).

●第8文

The girl said that her name was O-Yuki; that she had lately lost both of her parents; and that she was going to Yedo, where she happened to have some poor relations, who might help her to find a situation as a servant.

【全体の構造】

The girl (S)
said (V)
that her name was O-Yuki (O1)
; that she had lately lost... parents (O2)
; and
that she was going to Yedo...(O3)
,where... poor relations...

まず、全体の構造としては、The girl (S) said (V) の said の目的語となる that 節が A; B; and C という形で3つ並列されている点を、3つの目的語の先頭にある that を標識としてしっかりと把握しましょう。また、3つ目の that 節の後半では、Yedo という地名に追加の説明を加える形で関係副詞節が置かれ、さらにその関係副詞節の中にも関係代名詞節があるため、やや長めの構造になっています。

●第9文

Minokichi soon felt charmed by this strange girl; and the more that he looked at her, the handsomer she appeared to be.

【全体の構造】

Minokichi (S)
　　soon felt (V)
　　　　charmed (C) by this strange girl
; and
the more that he looked at her, **the handsomer** she appeared to be.

やはり、; and によって2つの大きな節が並列されている構造ですが、後半の節はいわゆる the 比較級 , the 比較級の構文「…すればするほど、〜」になっています。なお、

handsome「ハンサムな」は日本語だと男性を表現する際に用いるのが普通ですが、ここでは女性の容姿が魅力的であることを説明しています。

ここがわかると面白い！の解説②

文法が得意な人は、下線部分を見て、「あれ?」と思ったかもしれません。一般的に the 比較級 , the 比較級の構文では、The more you know, the more powerful you will become. のように、the 比較級のすぐ後に SV の形が続くのが模範的な形とされています。しかしこの下線部では、前半部で the more と he looked の間に関係代名詞のような that が入っていますね。実はこのように the 比較級 , the 比較級の構文の前半部において、the 比較級と主語の間に本来不要な that が入り込むのは、古い英語でのみ用いられる特別な文法というわけではなく、現代英語でも散見される現象です。規範的に正しいとは言えないけれど、母語話者はよく使用している非標準の形と考えてよいでしょう。

QUIZ ②の答え：**the more that の that**

●第10文

He asked her whether she was yet betrothed; and she answered, laughingly, that she was free.

【全体の構造】

He (S1)
　asked (V1)

her (IO)*
whether she was yet betrothed (DO)*
; and

she (S2)
answered (V2) (, laughingly,)
that she was free (O).

*IO = Indirect Object　DO = Direct Object

; and で2つの節が並列されており、前半がミノキチからの彼女への問いかけを、後半が彼女の返答を描写しています。前半の節はSVOO、後半はSVOの文型になっています。

●第11文

Then, in her turn, she asked Minokichi whether he was married, or pledged to marry; and he told her that, although he had only a widowed mother to support, the question of an "honorable daughter-in-law" had not yet been considered, as he was very young...

【全体の構造】

Then, in her turn,
she (S1)
asked (V1)
Minokichi (IO1)
whether he was married, or ...marry (DO1)

; and
he (S2)
  told (V2)
    her (IO2)
      that, ... (DO2) ...

冒頭近くにある in her turn「彼女も同様に」という言葉からも読み取れるように、彼女の質問の描写が前半の節で、それに対する彼の返答が後半の節で描かれています。こちらの文は前半、後半ともに文型は SVOO です。また、後半の最後の that 節には、although... support「面倒を見なければならない未亡人の母だけはいるけれども」、as he was very young「彼は非常に若いので」という 2 つの副詞節が含まれていることにも注意しましょう。

●第12文

After these confidences, they walked on for a long while without speaking; but, as the proverb declares, *Ki ga aréba, mé mo kuchi hodo ni mono wo iu*: "When the wish is there, the eyes can say as much as the mouth."

【全体の構造】
After these confidences,
they (S1)
  walked on (V1) for a long while without speaking

; but

, as the proverb declares,
Ki ga aréba, mé mo kuchi hodo ni mono wo iu

: "(When the wish is there,)
the eyes (S2)
can say (V2)
as much as the mouth (O)."

but によって２つの主節が並列されていますが、「(気があれば) 目も口ほどにものを言う」という日本語の諺そのものが後半の節になっています。もちろん、日本語の引用だけでは英語の読み手は理解できないので、諺の直後にコロン (:) を挟んで英訳が付されています。

ここがわかると面白い！の解説③

confidence は「自信、信頼」といった訳語が有名かと思いますが、「これらの自信の後」では意味が通りません。ここは、confide「秘密などを打ち明ける」という動詞の意味から連想して、「打ち明け話」くらいの内容ではないかと推測したいところです。実際、confidence には硬い言い回しで「打ち明け話、内緒話」という語義が存在します。

QUIZ ③の答え：**打ち明け話**

●第13文

By the time they reached the village, they had become

very much pleased with each other; and then Minokichi asked O-Yuki to rest awhile at his house.

【全体の構造】
(By the time they reached the village,)

⎧ they (S1)
　　had become (V1)
　　　　very much pleased with each other (C)
⎨ ; and then

⎩ Minokichi (S2)
　　asked (V2)
　　　　O-Yuki (O) to rest awhile at his house.

; and then で２つの主節が並列された形です。前半の節の冒頭には、by the time 節「…する頃には、…するまでには」があります。

●第14文

After some shy hesitation, she went there with him; and his mother made her welcome, and prepared a warm meal for her.

【全体の構造】
After some shy hesitation,
⎧ she (S1)

went (V1) there with him
; and

his mother (S2)
made (V2)
her (O1)
welcome (C)
, and

prepared (V3)
a warm meal (O2) for her.

2つの大きな節がandで結ばれ、なおかつ、2つ目の節では2つの動詞句がandによって並列されています。his mother made her welcomeの部分は第5文型の形で、直訳すれば「彼女を歓迎された状態にさせた」となりますが、make O welcome「温かく迎え入れる」という塊で理解してしまった方がよいでしょう。

●第15文

O-Yuki behaved so nicely that Minokichi's mother took a sudden fancy to her, and persuaded her to delay her journey to Yedo.

【全体の構造】
O-Yuki (S)
behaved (V)

so nicely
that Minokichi's mother
{ took a sudden fancy to her
, and
persuaded her to delay... .

主節はシンプルなSVの構造ですが、動詞のbehavedを修飾するso nicelyに注意が必要です。このsoと後ろのthatが呼応してso... that~構文「非常に…なので〜」の形をつくっています。さらに、so... that~構文のthat節の中では、Minokichi's motherという主語に対し、took a sudden fancy...とpersuaded her to delay...という2つの動詞句が存在し、それがandで結ばれる形になっています。

●第16文

And the natural end of the matter was that Yuki never went to Yedo at all.

【全体の構造】
And
the natural end of the matter (S)
was (V)
that Yuki never... at all (C).

ポイント

the natural end of the matterをどう訳すかというのは

少し難しいかもしれません。直訳すれば、「自然なことの結末」とでもなるかもしれませんが、少しぎこちないですね。「当然の成り行き」などがよいでしょう。

●第17文

She remained in the house, as an “honorable daughter-in-law.”

【全体の構造】

She (S)
　remained (V)
　　in the house
　　, as an “honorable daughter-in-law.”

remain は、ここでは補語を取らない完全自動詞の形で「残る」を意味します。最後の as an “honorable daughter-in-law”「名誉ある義理の娘として」という表現から、お雪がとどまって、ミノキチと結婚したことが読み取れますね。

訳例

夜明けごろには吹雪も止み、渡守が日の出の少し後に持ち場に戻ってくると、ミノキチが冷たくなったモサクの体の横で気を失って倒れていた。ミノキチはすぐに介抱され、じきに意識を取り戻した。しかし、悪天候の夜の冷たい気候にさらされた影響で、その後も長いこと病気がちだった。また、モサクの死にも大層おびえていたが、真っ白な女の幻のことについては何も言わなかった。体調が回復すると、すぐに仕事に戻り、毎朝森に出て行き日暮れに木の束を抱えて帰ってきて、母親がそれを売るのを手伝った。
　翌年の冬のある夜、家に帰る途中にたまたま同じ道を行く少女を追い越しそうになった。背が高く、やせていて、とても器量のよい少女で、ミノキチの挨拶に返した声は小鳥の鳴き声のように心地よい音色だった。そこから、彼は少女と並んで歩き、２人は話し始めた。少女によると、名はお雪で、少し前に両親を亡くし、江戸に行くとのこと。たまたま貧しい親戚が住んでいて、召使いとしての仕事を見つけるのを手伝ってくれるかもしれないからだと言う。ミノキチはすぐにこの風変わりな少女に魅了された。見れば見るほど美しく思えた。もう婚約しているのかと尋ねると、彼女は笑いながら、そういう相手はいないと言った。同様に彼女もミノキチに、結婚していたり、結婚を誓ったりしているのかと尋ねると、夫に先立たれた母だけは面倒を見ているが、自分は若いので「名誉ある義理の娘」のことはまだ考えたことはないと答えた。このような打ち明け話の後、２人は言葉を交わさずに長いこと歩き続けた。しかし、諺にも「気があれば、目も口ほどにものを言う」とある。村に到着する頃にはお互いのことをすっかり気に入っていて、ミノキチは家で少し休んでいくように言った。やや気恥ずかしそうにためらった後、彼女は彼について家に行き、母親も歓迎して、彼女のために温かい食事を用意した。お雪のすばらしい振る舞いに母親はすぐに彼女を気に入り、江戸に行くのを先延ばしするように説得した。そうして、当然のことの成り行きとして、結局、お雪は江戸に行くことはなかった。「名誉ある義理の娘」として家に残ったのだ。

5

[1]O-Yuki proved a very good daughter-in-law. [2]When Minokichi's mother came to die,—some five years later,—her last words were words of affection and praise for the wife of her son. [3]And O-Yuki bore Minokichi ten children, boys and girls,—handsome children all of them, and very fair of skin.
[4]The country-folk thought O-Yuki a wonderful person, by nature different from themselves. [5]Most of the peasant-women age early; but O-Yuki, even after having become the mother of ten children, looked as young and fresh as on the day when she had first come to the village.

[6]One night, after the children had gone to sleep, O-Yuki was sewing by the light of a paper lamp; and Minokichi, watching her, said:—
"[7]To see you sewing there, with the light on your face, makes me think of a strange thing that happened when I was a lad of eighteen. [8]I then saw somebody as beautiful and white as you are now—indeed, she was very like you."...
[9]Without lifting her eyes from her work, O-Yuki

responded:—

“$_{10}$Tell me about her... $_{11}$Where did you see her?”

$_{12}$Then Minokichi told her about the terrible night in the ferryman’s hut,—and about the White Woman that had stooped above him, smiling and whispering,—and about the silent death of old Mosaku. $_{13}$And he said:—

“$_{14}$Asleep or awake, that was the only time that I saw a being as beautiful as you. $_{15}$Of course, she was not a human being; and I was afraid of her,—very much afraid,—but she was so white!... $_{16}$Indeed, I have never been sure whether it was a dream that I saw, or the Woman of the Snow.”...

$_{17}$O-Yuki flung down her sewing, and arose, and bowed above Minokichi where he sat, and shrieked into his face:—“$_{18}$It was I—I—I! $_{19}$Yuki it was! $_{20}$And I told you then that I would kill you if you ever said one word about it!... $_{21}$But for those children asleep there, I would kill you this moment! $_{22}$And now you had better take very, very good care of them; for if ever they have reason to complain of you, I will treat you as you deserve!”

$_{23}$Even as she screamed, her voice became thin, like a crying of wind;—then she melted into a bright white mist that spired to the roof-beams, and shuddered away through the smoke-hole.... $_{24}$Never again was she seen.

Lafcadio Hearn: “Yuki-Onna”

語句

- affection：「愛情」
- bear：「（子どもを）産む」
- by nature：「生まれつき、生来」
- paper lamp：「行灯」
- whisper：「ささやく」
- be sure whether... or ~「…か～か定かではない」
- fling down：「投げつける」
- shriek：「金切り声を上げる」
- roof-beam：「屋根の梁」
- shudder away：「震えて消える」

QUIZ ここがわかると面白い！

① 第３文の fair of skin と同タイプの表現にはどういうものがある？
（➡正解は…P.115）

② 第８文の indeed はどういうニュアンス？
（➡正解は…P.120）

③ 第22文の下線部は要するにどういうこと？
（➡正解は…P.128）

英文解体

●第1文

O-Yuki proved a very good daughter-in-law.

【全体の構造】
O-Yuki (S)
  proved (V)
    a very good daughter-in-law (C).

S prove C「S が C だとわかる、判明する」の用法に注意しましょう。

●第2文

When Minokichi's mother came to die,—some five years later,—her last words were words of affection and praise for the wife of her son.

【全体の構造】
(When Minokichi's mother came to die,)
(—some five years later,—)
her last words (S)
    were (V)
      words of affection and praise for the wife... (C).

副詞節の when 節で時期を設定した後、それを補足する形で、some five years later「約 5 年後に」という説明が挿入されています。some は「約」の意味です。

●第3文

And O-Yuki bore Minokichi ten children, boys and girls,—handsome children all of them, and very fair of skin.

【全体の構造】

And O-Yuki (S)
　　bore (V)
　　　Minokichi (IO)
　　　　ten children, boys and girls (DO)

, —{ handsome children all of them
　　, and
　　very fair of skin.

SVOO の文で、ダッシュ（—）以降の語句が直接目的語に説明を追加する形になっています。

ここがわかると面白い！の解説①

fair of skin は形容詞＋ of ＋名詞という少し特殊な形のフレーズになっていて、意味は「皮膚が美しい、美しい皮膚の」といったものになります。of ＋名詞の部分を「…について言うと」くらいのニュアンスで解釈するとわかりやすいかもしれません。同タイプの表現に faint of heart「気持ちが弱い」、narrow of mind「心が狭い」などがありますが、いずれも文学的な言い回しです。

QUIZ ①の答え：**faint of heart、narrow of mind** など

●第4文

The country-folk thought O-Yuki a wonderful person, by nature different from themselves.

【全体の構造】

The country-folk (S)
thought (V)
O-Yuki (O)
a wonderful person (C),
(by nature ... themselves).

think O C「O を C だと思う、考える」の形で、by nature ... themselves は C の a wonderful person を後置修飾している形容詞句です。

●第5文

Most of the peasant-women age early; but O-Yuki, even after having become the mother of ten children, looked as young and fresh as on the day when she had first come to the village.

【全体の構造】

Most of the peasant-women (S1)
age (V1) early
; but
O-Yuki (S2)
(, even after having become the mother of ten children,)
looked (V2)
as young and fresh as... (C).

2つの節を等位接続詞のbutが並列させている形。前半ではageが「年をとる、年齢を重ねる」という動詞で使われていることに注意しましょう。後半の節では、主語のO-Yukiと動詞のlookedの間にeven after... childrenという副詞節が挿入されています。

ポイント

文末のwhen節では、お雪が村にやってきた時、という、ここで描写されている時点よりも以前のことを表現するために過去完了形が用いられています。

●第6文

One night, after the children had gone to sleep, O-Yuki was sewing by the light of a paper lamp; and Minokichi, watching her, said:—

【全体の構造】

One night
, after the children had gone to sleep,
O-Yuki (S1)
　was sewing (V1) by the light of a paper lamp
; and
Minokichi (S2)
　　(,watching her,) ←分詞構文の挿入
　　　　said (V2):—

大枠としては、2つの主節が ; and によって並列されている形です。2つ目の節の watching her「彼女を見ながら」は分詞構文の挿入です。また、said の目的語にあたるものが第7文以降のセリフになっています。

●第7文

"To see you sewing there, with the light on your face, makes me think of a strange thing that happened when I was a lad of eighteen.

【全体の構造】

To see you sewing there, with the light on your face (S),
makes (V)
me (O)
think (動詞の原形) of a strange thing ... .

冒頭の To see... face, が to 不定詞句の名詞用法でこの文全体の主語となっていることを把握しましょう。makes me think of... は使役動詞の make の用法で「私に…について思い起こさせる」という意味。with the light on your face「君の顔に光が当たった状態で」は付帯状況を表す with の構文です。

●第8文

I then saw somebody as beautiful and white as you are now—indeed, she was very like you."...

【全体の構造】

I (S1)
then saw (V1)
somebody (O)
(as beautiful and white as you are now)
—indeed,
she (S2)
was (V2)
very like you (C).”...

ダッシュ(—) と indeed を挟んで2つの節が並べられている形です。前半の節の目的語の部分では somebody という名詞を as beautiful... now「あなたが今そうであるのと同じくらいに美しく…」という形容詞句が後置修飾しています。

ここがわかると面白い！の解説②

indeed という語は、機械的に「実際、実は」のように訳してしまいがちですが、この訳語だとニュアンスを捉えきれないおそれがあります。というのも、この単語は直前で言ったことをさらに強い言葉で言い直したり、訂正したりするような場合に使用されることがあるからです。今回の例でも「お雪と同じくらい美しい人」と言った後、それを補足して言い直すような形で、she was very like you

「君とそっくりだった」という、より強い言葉を付け足しています。こういう場合のindeedは「いや、それどころか」「というよりも」のような意味で理解し、「いや、というよりも君とそっくりだった」と訳すとよいでしょう。

QUIZ ②の答え：それどころか、というよりも

●第9~11文

Without lifting her eyes from her work, O-Yuki responded:—
"Tell me about her... Where did you see her?"

【全体の構造】

(Without lifting her eyes from her work,)
O-Yuki (S)
responded (V):—
"Tell me about her...
Where did you see her?"

特に問題となりそうな箇所はありませんね。ミノキチの言葉を聞いて、「どういう人、どこで会ったの?」とお雪が質問している場面です。

●第12文

Then Minokichi told her about the terrible night in the ferryman's hut,—and about the White Woman that had stooped above him, smiling and whispering,—and about the silent death of old Mosaku.

【全体の構造】

Then Minokichi (S)
told (V)
her (O)
about the terrible night... hut
,—and about the White Woman...
,—and about the silent death... .

tell 人 about...「人に…について話す、伝える」の about... の部分が３つ存在し、それらを ,—and が結んでいる形です。

ポイント

同じ３つのことを並べるのでも、シンプルに about A, B and C のようにするのではなく、今回のように ,—and about を１回ごとに挟むことで、ミノキチがずっと黙ってきた恐怖の体験を１つ１つ改めて思い出しながら語っていっている様子を読み取ることができます。

● 第13~14文

And he said:—
"Asleep or awake, that was the only time that I saw a being as beautiful as you.

【全体の構造】

And he (S)
said (V):—

"Asleep or awake,
that (S)
was (V)
the only time that I saw a being ... you (C).

ポイント

セリフの冒頭では、Asleep と awake が or で並列されていますが、このように2つの相反する副詞が or で結ばれている場合は、「…であれ、〜であれ」と譲歩的なニュアンスになることが一般的です。今回の表現の場合、「寝ても覚めても」という訳がピッタリ当てはまりますね。

●第15文

Of course, she was not a human being; and I was afraid of her,—very much afraid,—but she was so white! ...

【全体の構造】

Of course,
she (S1)
was (V1)
not a human being (C1)

; and

I (S2)
　was (V2)
　　　afraid of her,—very much afraid,— (C2)
but

she (S3)
　　was (V3)
　　　so white (C3) ! ...

3つ節が並び、1つ目と2つ目が ; and で、2つ目と3つ目が but で結ばれている形です。

● 第16文

Indeed, I have never been sure whether it was a dream that I saw, or the Woman of the Snow."...

【全体の構造】

Indeed, I (S)
　　have never been (V)
　　　　　　sure (C)
　　　　whether it was { a dream that I saw / , or / the Woman..." ...

SVC の C にあたる sure の後ろに whether 節が続いた形です。sure は少し特殊な形容詞で、that 節や wh 節を直接、目的語のように後ろに従えることができます。

●第17文

O-Yuki flung down her sewing, and arose, and bowed above Minokichi where he sat, and shrieked into his face:—

【全体の構造】

O-Yuki (S1)

flung down (V1)
her sewing (O)
, and
arose (V2)
, and
bowed (V3) above Minokichi where he sat
, and
shrieked (V4) into his face:—

4つの述語動詞が , and で並列されている形です。3つ目の動詞句の後にある where he sat は副詞節で「彼が腰を下ろしているところで」という意味になります。

●第18〜19文

"It was I—I—I! Yuki it was!

【全体の構造】

It (S)

was (V)
I—I—I (C)!
Yuki (C)
it (S)
was (V)!

お雪が自分の正体を告げるシーンで、第 18 文はシンプルな SVC、第 19 文は C が前置された CSV の構造になっています。この CSV の語順はすでに伝えた内容を改めて強調し、「間違いなく…だ、本当に…だ」というニュアンスを表現するために使用されます。

●第20文

And I told you then that I would kill you if you ever said one word about it! ...

【全体の構造】

And
I (S)
told (V)
you (IO) then
that I would kill... one word about it (DO)! ...

if 節の内部に注意しましょう。ever は at any time「一度でも」を意味し、また、one word は単なる「一言」ではなく、「たとえ一言でも」というニュアンスを伝えています。one ＋名詞は、このような「1 つでも」というニュアンスが生じやすいので注意しましょう。

●第21文

But for those children asleep there, I would kill you this moment!

【全体の構造】

(But for those children asleep there,)
　　　I (S)
　　　　　would kill (V)
　　　　　　　you (O) this moment!

Butを等位接続詞、forを前置詞と見なして、「しかし…のために」と解釈しないように気をつけましょう。ここは、but forで1つの前置詞をつくって「…がなければ」という意味になります。「もし、そこで寝ている子どもたちがいなければ」ということですね。this momentは「今すぐに」を表す「副詞」です。

●第22文

And now you had better take very, very good care of them; for if ever they have reason to complain of you, I will treat you as you deserve!"

【全体の構造】

And now you (S1)
　　had better take very, very good care of *(V1)

　　them (O1)
; for
(if ever they have reason to complain of you,)
I (S2)
　　will treat (V2)
　　　　you (O2) as you deserve!"

* ここでは take care of を1つの動詞のように見なしています。

good care of them の後にある ; for は、理由を表す接続詞の用法で「というのも…だから」という意味になります。

ポイント

前半では had better に注目です。この助動詞は「…した方がよい」という定訳からは想像しにくいほど強い言い方であるということがよく指摘されますが、この場面で使用されていることから「…した方が身のためだ、せいぜい…することだ」のようなニュアンスが確かに感じられますね。

ここがわかると面白い！の解説③

後半の下線部分、if ever they have reason to complain of you, I will treat you as you deserve! は、文字どおり訳せば「もし子どもたちがあなたについて文句を言う理由を持つことが一度でもあれば、私はあなたをふさわしいように扱うつもりだ」となります。第21文までの内容から、お雪は約束を破ったミノキチを殺してしかるべきところ、子どもたちに免じて命を救ってやったということが読み取れるので、「ふさわしいように扱う」というのは「約束どおりに命を奪う」ということだと読み取れますね。つまり、「子どもたちがあなたに不満を感じるようなことがあれば、約束どおり命をもらうつもりだ」というのが下線部の趣旨ということになります。

QUIZ ③の答え：子どもたちがあなたを不満に思うようなことがあれば、約束どおり命をもらうということ

●第23文

Even as she screamed, her voice became thin, like a crying of wind;—then she melted into a bright white mist that spired to the roof-beams, and shuddered away through the smoke-hole....

【全体の構造】

(Even as she screamed,)

her voice (S1)
became (V1)
thin (C1), like a crying of wind
;—then
she (S2)
melted (V2) into a bright white mist that...
, and
shuddered away (V3) through the smoke... .

even as 節は「丁度…の時、まさに…しながら」という意味の接続詞です。

●第24文

Never again was she seen.

【全体の構造】

Never again (否定の副詞)
was (助動詞)
she (S)
seen (V).

短い文ですが、否定の副詞 never again が文頭にあることで倒置が生じています。否定の意味を表す表現（主に副詞）が文頭にくると、後ろは上の形のように疑問文と同様の構造になります。

訳例

お雪はとてもよい義理の娘だった。およそ5年が経ち、ミノキチの母が死ぬ間際も、彼女の最後の言葉は息子の妻に対する賞賛と愛情の言葉だった。しかも、お雪はミノキチとの間に男の子と女の子、合わせて10人の子をもうけた。みな美しい子どもで、とてもきれいな白い肌をしていた。

土地の人々は、お雪はすばらしい人物で、生まれからして自分たちとは違うと考えた。農家の女性はたいてい年をとるのが早いが、お雪は10人の子どもの母親となった後でも村に初めてきた日と同じように若くはつらつとして見えた。
　ある夜、子どもたちが寝静まった後、お雪が行灯の光で裁縫をしていたところ、ミノキチが彼女を見て言った。
「君がそこで光に照らされながら裁縫をしているのを見ると、18歳の少年だった時に起こった奇妙なことを思い出すよ。その時に見た人が、今の君と同じくらい美しくて色が白かったんだ。いや、というよりも君とそっくりだった」
　お雪は手元の作業に目を向けたまま、答えた。
「その人について教えて。どこで会ったの？」
　そこで、ミノキチは渡し守の小屋での恐ろしい夜のこと、彼に覆いかぶさるようにしてきた白い女のこと、そして、モサクが静かに亡くなっていたことについて彼女に話した。そして彼はこう言った。
「寝ても覚めても、あの時だけだよ、君と同じくらい美しい存在を見たのは。もちろん、彼女は人ではなかったし、僕は彼女に怯えた、ものすごくね。だけど、彼女は本当に白かった。実を言うと、それが僕の見た夢だったのか、はたまた雪女だったのか、今も定かではないんだ」
　お雪は縫い物を投げつけると、立ち上がり、腰を下ろしているミノキチに覆いかぶさるようにして、彼の顔をめがけて金切り声でこう言った。
「それは、私、私、私。雪だったのよ。あの時、言ったわよね。このことを一言でもしゃべったら殺すと。上で寝ている子どもたちがいなければすぐにでも殺してやるところ。あの子たちをしっかりとお世話することね。もし不満を言わせるようなことがあったら、しかるべき目にあわせてやるわ」
　叫んでいるさなか、風の音のように声は細くなり、そして、彼女は溶けて輝く白い霧となって屋根の梁へと尖塔のように上っていき、換気口から消えていった。その後、彼女を二度と目にすることはなかった。

2.2

Ambrose Bierce : "John Mortonson's Funeral"

さて、続いて扱うのはアンブローズ・ビアスの短編小説です。ビアスは19世紀後半から20世紀初頭にかけて活躍したアメリカの作家であり、特に『悪魔の辞典』は皮肉や風刺に満ちた辞書パロディの傑作とされています。ここでは、やはり評価の高い彼の短編恐怖小説から「ジョン・モートンソンの葬儀」を読んでみましょう。2.1で扱った「雪女」に比べると、多くの人にとって馴染みのない作品である上に、英語の観点からも少し難度が高い箇所があります。じっくりと時間をかけて読み込んでみてください。

1

[1]John Mortonson was dead: his lines in "the tragedy 'Man'" had all been spoken and he had left the stage. [2]The body rested in a fine mahogany coffin fitted with a plate of glass. [3]All arrangements for the funeral had been so well attended to that had the deceased known he would doubtless have approved. [4]The face, as it showed under the glass, was not disagreeable to look upon: it bore a faint smile, and as the death had been painless, had not been distorted beyond the repairing power of the undertaker. [5]At two o'clock of the afternoon the friends were to assemble to pay their last

tribute of respect to one who had no further need of friends and respect. [6]The surviving members of the family came severally every few minutes to the casket and wept above the placid features beneath the glass. [7]This did them no good; it did no good to John Mortonson; but in the presence of death reason and philosophy are silent.

Ambrose Bierce: “John Mortonson’s Funeral”

語句

- his lines：「彼のセリフ」
- “the tragedy ‘Man’”：『「人間」という題の悲劇』
- rest：「眠っている、永眠する」
- mahogany：「マホガニーの（センダン科マホガニー属に属する3種の木の総称）」
- coffin：「棺」
- fitted with...：「…を備えた、…が付いた」
- arrangements：「段取り」
- attend to：「（仕事などを）扱う、処理する」
- the deceased：「故人」
- undertaker：「葬儀屋」
- pay tribute of respect to...：「…に敬意を示す、表敬する」
- casket：「棺」
- placid：「穏やかな」
- features：「表情」

● do 人 good (do good to 人)：「人に利益をもたらす、人が得する」

QUIZ ここがわかると面白い！

① 第1文のコロン（:）以下は要するにどういうこと？

(➡正解は…P.135)

② 第4文の beyond the repairing power of the undertaker の beyond にはどのような意味がある？ (➡正解は…P.139)

③ 第7文の but 以下は要するにどういうこと？

(➡正解は…P.142)

英文解体

●第1文

John Mortonson was dead: his lines in "the tragedy 'Man'" had all been spoken and he had left the stage.

【全体の構造】

John Mortonson (S1)
was (V1)
dead (C)

his lines in "the tragedy 'Man'" (S2)
had all been spoken (V2)

⎩ : ⎧ and
he (S3)
had left (V3)
the stage (O).

コロン (:) の前はシンプルなSVO、後は2つの節がandで並列されている形ですが、少しひねった言い方になっています。下の解説で確認しましょう。

ここがわかると面白い！の解説①

his lines... had all been spokenの部分を文字どおり「彼のセリフはすべて話されてしまった」と解釈してもよくわかりません。ここは、"the tragedy 'Man'"『「人間」という悲劇』が人生を比喩的に表現したものとなっていることに気づけたかどうかがポイントです。そう考えると、「『「人間」という悲劇』の中の彼のセリフはすべて口にされた」→「人生における彼の役目は終わった」ということを言っているのだと読み取れます。さらにその流れで、後半のhe had left the stage「彼は劇場を去っていた」というのも「人生における役目を終え、あの世に旅立っていった」というのを比喩的に表現していることが理解できますね。

QUIZ ①の答え：**人生における役目を終え、あの世に旅立っていったということ**

●第2文

The body rested in a fine mahogany coffin fitted with a plate of glass.

【全体の構造】

The body (S)
　　　rested (V) in a fine mahogany coffin
　　　　　　　　(fitted with a plate of glass).

fitted with... は上の語句解説でも示したとおり、「…を備えた」という意味です。よって、a fine mahogany coffin fitted with a plate of glass は「ガラス板がついた、美しいマホガニーの棺」となります。

●第3文

All arrangements for the funeral had been so well attended to that had the deceased known he would doubtless have approved.

【全体の構造】

All arrangements for the funeral (S)
　had been **so** well attended to (V)
　　　　that
　　　　(had the deceased known)
　　　　he would doubtless have approved.

まずは so と that が呼応して、so... that~「非常に…なので～」という因果関係を表す構文になっていることをしっかりと把握しましょう。また、that 節では、冒頭に had the deceased known という倒置のような形がありますが、これは if the deceased had known「もし故人が知ったとすれば」を if を用いずに表現したものです。

ポイント

that 以下は、had... known や would... have approved という形から見て取れるように仮定法過去完了が使用されています。これは当然、故人が自分の葬儀の内容について知る、という現実にはありえない仮定をしているからです。

●第4文

The face, as it showed under the glass, was not disagreeable to look upon: it bore a faint smile, and as the death had been painless, had not been distorted beyond the repairing power of the undertaker.

【全体の構造】

The face (S1)
　　↖(, as it showed under the glass,)
　　was (V1)
　　　　not disagreeable to look upon (C)

:

it (S2)

bore (V2)
 a faint smile (O),
and
(as the death had been painless,)
had not been distorted (V3)
 beyond the repairing power of the undertaker.

コロン（:）をはさんで2つの主節が存在しています。後半では、主語のitに対応する2つの動詞句bore... とhad not been distorted... がandで並列されていることに注意しましょう。また、andと2つ目の動詞句had not been distorted... の間に挿入されているas節は理由を表す副詞節です。

ポイント

まず、前半の節では、as... glassが実質The faceを限定的に修飾しているものと解釈するのがよいと思います。名詞句の直後にその名詞句を指す代名詞を含んだas節がある場合は、この解釈があてはまる場合が多いです。

例
the world as we know it：「私たちの知っている世界」

また、The face, ... , was not disagreeable to look uponはタフ構文と呼ばれるもので、意味的には、It was not disagreeable to look upon the face「その顔を見るのは不快ではなかった」に近いものになります。

ここがわかると面白い！の解説②

beyondは、後ろに「能力、力」などを意味する目的語を伴って、「能力を超えた→能力では対処できないような、能力では対処できないくらいに」を意味する用法があります。今回もそれにあたり、beyond the repairing power of the undertakerは「葬儀屋の修復能力を超えた→葬儀屋が修復できないほどに」となります。

QUIZ ②の答え：**能力を超えた、能力では対処できないほどに**

●第5文

At two o'clock of the afternoon the friends were to assemble to pay their last tribute of respect to one who had no further need of friends and respect.

【全体の構造】

At two o'clock of the afternoon
　　the friends (S)
　　　　were to* assemble (V)
　　　　to pay their last tribute of respect
　　　　to one
　　　　↑
　　　　(who had no... respect).

* ここではwere toを1つの助動詞のように見なしています。

シンプルなSVの構造ですが、助動詞的な意味を持つbe to 不定詞に注意しましょう。ここでは予定を表し、「…することになっていた」という意味になります。後半のto pay... は目的を表すto不定詞の副詞用法です。pay tribute to... はそれだけでも「賛辞を送る、賞賛する」という意味で使用されることがありますが、ここではtribute of respect となっているので、「敬意の証を見せる→表敬する」という感じですね。最後のone who had no further need of friends and respect は、「これ以上、友情や敬意を必要としなくなった人」という意味であり、表敬のために人々が集まっても、すでに亡くなった当の本人にとっては意味のないものだったということを、皮肉っぽく語っています。

●第6文

The surviving members of the family came severally every few minutes to the casket and wept above the placid features beneath the glass.

【全体の構造】

The surviving members of the family (S)

came (V1) ...to the casket
and
wept (V2) above ... .

●第7文

This did them no good; it did no good to John Mortonson; but in the presence of death reason and philosophy are silent.

【全体の構造】

This (S1)
　did (V1)
　　them (IO)
　　　no good (DO)
;
it (S2)
　did (V2)
　　no good (O) to John Mortonson

; but
(in the presence of death)
　　reason and philosophy (S3)
　　　are (V3)
　　　　silent (C).

セミコロン（;）で並列されている前半2つの節は**do 人 no good**, **do no good to 人**という類似した形を使って、嘆き悲しんだところで何かよいことがあるわけではないという趣旨のことを伝えています。2つ目の節で表現を**do no good to 人**に少し変えているのは、**人**に相当するJohn Mortonsonに力点を置くためでしょう。「彼らにとって何かよいことがあるわけではなかった」と言った上で、「ましてや（死んでいる）モートンソンにとっては何のメリットも」ということを強調していると考えられます。

; but 以下の後半がポイントで、ではどうして嘆き悲しむのかということの説明になっています。

ここがわかると面白い！の解説③

後半の in the presence of death reason and philosophy are silent は直訳すると、「死を前にすると、理性や哲学は黙る」となります。ここにおける「理性や哲学」とは、理屈で分析したり考えて理解したりできるものの象徴と見なしてよいでしょう。そして、「黙る」は影響力を持たないことの喩えだと考えられます。よって、この箇所の趣旨は、「死を目のあたりにすると、理屈で説明がつかないような行動を取ってしまうこともある」というものであると判断できますね。

QUIZ ③の答え：**死を前にすると、人は理性や理屈では説明のつかない行動をしてしまうということ**

訳例

ジョン・モートンソンは死んでいた。「人間」という悲劇の中の彼のセリフは語りつくされ、彼は退場したのだ。遺体はガラス板のついた立派なマホガニーの棺の中で眠っていた。葬儀の段取りはすべて非常に手際よく進められたので、もし故人が知ったら、間違いなく喜んだだろう。ガラスの下から覗いている顔は見ていても不快なものではなかった。おぼろげな笑みを浮かべており、苦痛を伴う死ではなかったので、葬儀屋が修復できないほどには歪められていなかったのだ。午後２時には友人たちが、もはや友も敬意も必要としない者に最後の表敬をしに集まることになっていた。遺族は数分おきに各々に棺の前にやってきて、ガラスの下の穏やかな表情を見て泣いた。そんなことをしても、彼らの気分が晴れるわけでも、ましてやジョン・モートンソンが嬉しいわけでもなかったが、死を前にすると、理性も哲学も沈黙するのだ。

2

$_1$As the hour of two approached the friends began to arrive and after offering such consolation to the stricken relatives as the proprieties of the occasion required, solemnly seated themselves about the room with an augmented consciousness of their importance in the scheme funeral. $_2$Then the minister came, and in that overshadowing presence the lesser lights went into eclipse. $_3$His entrance was followed by that of the widow, whose lamentations filled the room. $_4$She approached the casket and after leaning her face against the cold glass for a moment was gently led to a seat near her daughter. $_5$Mournfully and low the man of God began his eulogy of the dead, and his doleful voice, mingled with the sobbing which it was its purpose to stimulate and sustain, rose and fell, seemed to come and go, like the sound of a sullen sea. [6]The gloomy day grew darker as he spoke; a curtain of cloud underspread the sky and a few drops of rain fell audibly. [7]It seemed as if all nature were weeping for John Mortonson.

[8]When the minister had finished his eulogy with prayer a hymn was sung and the pall-bearers took their places beside the bier. [9]As the last notes of the hymn died away the widow ran to the coffin, cast herself upon it and sobbed hysterically. [10]Gradually, however, she yielded to dissuasion, becoming more composed; and as the minister was in the act of leading her away her eyes sought the face of the dead beneath the glass. [11]She threw up her arms and with a shriek fell backward insensible.

Ambrose Bierce: "John Mortonson's Funeral"

語句

- consolation：「慰め」
- stricken：「(悲しみなどで) 打ちひしがれた」
- proprieties：「礼儀作法」
- solemnly：「厳かに」
- augmented：「増大された、拡大された」
- scheme funeral：「(正式な行事としての) 葬式」
- minister：「牧師」

- overshadowing：「影を落とすような、暗くさせる」
- eclipse：「食、影によって光が消えること」
- lamentations：「悲嘆の言葉」
- mournfully：「悲しげに」
- the man of God = the minister
- eulogy：「追悼文、追悼の言葉」
- doleful：「悲しげな」
- mingled with...：「…と混ざって」
- sob：「むせび泣く」
- sullen：「陰気な」
- hymn：「讃美歌」
- pall-bearers：「棺を運ぶ人」
- bier：「棺台」
- dissuasion：「諫める言葉、思いとどまらせること」

QUIZ ここがわかると面白い！

① 第2文の the lesser lights went into eclipse とはどういうことを言っている？

(➡正解は…P.149)

② 第3文で受動態が使用されているのはどういう理由から？

(➡正解は…P.150)

③ 第6文の underspread は掲載されていない辞書もあるが、ここでは、どういう状況を伝えている？

(➡正解は…P.154)

英文解体

●第1文

As the hour of two approached the friends began to arrive and after offering such consolation to the stricken relatives as the proprieties of the occasion required, solemnly seated themselves about the room with an augmented consciousness of their importance in the scheme funeral.

【全体の構造】

(As the hour of two approached)

the friends (S)
　　began to arrive (V1)
　　and
　　(after offering such consolation... required,)
　　solemnly seated themselves*(V2) about the room
　　　　with an augmented consciousness... funeral.

* 厳密には seated (V) themselves (O) ですが、ここでは seat themselves を1つの自動詞のように見なしています。

「…するにつれて」を意味する as の副詞節の後、the friends を主語として、and で並列された述語動詞句が2つ置かれている形です。and と2つ目の動詞句の間に after... required という少し長めの前置詞句が挿入されている点に注意しましょう。

ポイント

挿入された前置詞句である after offering such consolation to the stricken relatives as the proprieties of the occasion required は such ... as ~ の形に注意が必要です。as の後ろに SV が続くパターンで、as は実質、関係代名詞のような役割を担っています。文字どおりに訳せば、「そういった場面での礼儀作法が要求するような慰めを悲嘆にくれた親族に述べた後」となります。もちろん、日本語に訳す場合は、もう少しかみ砕いて「そういった場での礼儀作法にのっとり悲嘆にくれた親族に慰めを述べた後」のような感じになるでしょう。

2つ目の動詞句の後にある with an augmented consciousness... funeral もなかなか難しいですね。直訳すれば、「葬儀という行事における彼らの重要性の増大した意識とともに」ですが、これでは意味がわかりません。こういう「増える、減る」などを表現する修飾語句がついた名詞句を訳す場合、日本語では、形容詞的に使われている言葉の方を動詞的に捉え、そこを中心に組み立てる方が普通です。

例：A growing number of students are interested in generative AI.
「生成 AI に興味を持つ学生が増えている」

今回の例も同じように考えると、「葬儀という行事における自分たちの重要性の意識が高まる中」くらいの訳し方もできるのではないかと思います。

●第2文

Then the minister came, and in that overshadowing presence the lesser lights went into eclipse.

【全体の構造】

Then
the minister (S1)
came (V1)
, and
(in that overshadowing presence)
the lesser lights (S2)
went (V2) into eclipse.

構造的には、前置詞句の挿入などはあるもの、SV の第1文型の節が and で並列されているシンプルなものです。

ここがわかると面白い！の解説①

後半の解釈が少し難しいですね。that overshadowing presence が牧師の「他の物に影を落とすような存在感」を指すことはわかると思いますが、the lesser lights went into eclipse「より小さい光は飲み込まれて消えてしまった」というのはどういうことでしょう。ここで、第1文の内容と関連付けて、lesser lights は牧師がくる前にやってきていた友人たちを指していると読み取れたかどうかがポイントです。第1文の終わりで、友人たちは葬儀における自分たちの参列の重要性をより強く意識するようになっていたわけですが、圧倒的存在感を持つ牧師が入ってきたことで、その存在感が薄れてしまった、という流れですね。

QUIZ ①の答え：**先にやってきていた友人などの参列者たち**

●第3文

His entrance was followed by that of the widow, whose lamentations filled the room.

【全体の構造】

His entrance (S)
　　　　was followed (V)
　　　　　　by that of the widow

　　　　　　, whose lamentations filled the room.

大きな構造は受動態で、that of the widow の that はもちろん entrance を指しています。最後の whose 節は widow を先行詞とする非制限用法の関係代名詞節です。

ここがわかると面白い！の解説②

この文の前半は、文法的には The widow's entrance followed that of the minister. と能動態で表現することも

可能なわけですが、どうして受動態が選択されているのでしょうか。1つには、この文をThe widow's entranceから始めると、widowの振る舞いを描写しているwhose節を構造的に組み込みにくくなるからだと考えることができます。しかし、仮にwhose節がこの文に存在しなかったとしても、おそらくは受動態が選択されたのではないかと思われます。その理由は、his entrance「彼（=牧師）の入場」が第2文までですでに描写されている既出の情報であるのに対し、the widowはこの第3文で初めて登場する人物だからです。2.1の[1]でも確認したように、言語表現では受け手が理解しやすいよう、話者間ですでに前提となっている情報を先に述べてから、それを軸に新しい情報へとつなげていくのが基本ですので、ここでは、以下の流れで文を組み立てる受動態がベストということになります。

his entrance（＝既出の情報）→ the widow（新しい情報）

QUIZ ②の答え：**既出の情報から新しい情報への流れをつくるため**

●第4文

She approached the casket and after leaning her face against the cold glass for a moment was gently led to a seat near her daughter.

【全体の構造】

She (S)

approached (V1)
the casket (O)
and
(after leaning her face against the cold glass for a moment)
was gently led (V2) to a seat near her daughter.

Sheが主語で、それにapproached... caskeｔとwas gently... daughterという2つの述語が続いている形です。この2つがandで並列されていること、また、andとwas gently...の間にafter... momentという前置詞句が挿入されていることに注意しましょう。

●第5文

Mournfully and low the man of God began his eulogy of the dead, and his doleful voice, mingled with the sobbing which it was its purpose to stimulate and sustain, rose and fell, seemed to come and go, like the sound of a sullen sea.

【全体の構造】

Mournfully and low
the man of God (S1)
began (V1)
his eulogy of the dead (O)
, and
his doleful voice (S2)

(, mingled with the sobbing which it was its purpose to stimulate and sustain,) （←分詞構文の挿入）
rose and fell (V2),
seemed to come and go (V3),
like the sound of a sullen sea.

大きな構造としては、２つの主節が , and で結ばれている形ですが、後半の節がやや複雑です。下の解説で確認しましょう。

ポイント

後半の節では、主語の his doleful voice と述語動詞の間に mingled with...sustain という分詞構文「…と混じり合って」が挿入されています。この分詞構文の中の sobbing を修飾する関係代名詞節にも注意が必要ですね。関係代名詞節の中身は、it...to 不定詞の形式主語構文となっており、その to 不定詞句の stimulate と sustain の目的語が関係代名詞として節の先頭に出た形になっています。

which it was its purpose **to stimulate and sustain [ ]**

直訳すると、「それを促し継続するのがその彼の悲しげな声の目的である（嗚咽）」となりますが、そのままだといかにも翻訳体の読みにくい文なので日本語に訳す場合には工夫が必要です。

●第6文

The gloomy day grew darker as he spoke; a curtain of cloud underspread the sky and a few drops of rain fell audibly.

【全体の構造】

The gloomy day (S1)
　　grew (V1)
　　　darker (C) as he spoke;

a curtain of cloud (S2)
　　underspread (V2)
　　　the sky (O)
and

a few drops of rain (S3)
　　fell (V3) audibly.

3つの比較的シンプルな節が and によって、A, B and C の形で並列されています。

ここがわかると面白い！の解説③

さて、前にも触れたように、underspread は掲載されていない辞書もあり、overspread「…の一面を上から覆う」などに比べるとかなり使用頻度の低い単語であると考えられます。ここでこの単語が使用されているのは、雲が空の「下に」広がり、地上から見て空が覆い隠されてしまっているような状態を文学的に描写するためと考えられます。

QUIZ ③の答え：**空の下に雲が広がっている様子を表現している**

●第7文

It seemed as if all nature were weeping for John Mortonson.

構造的にはごく単純です。it seems as if... は「あたかも…のように思える」という定型表現を塊で覚えてしまった方がよいでしょう。

ポイント

もちろん、ここでいう were weeping「泣いていた」というのは、第6文で出てきた「雨」を受けて、それを比喩的に言い表しているものです。

●第8文

When the minister had finished his eulogy with prayer a hymn was sung and the pall-bearers took their places beside the bier.

【全体の構造】

(When the minister had finished his eulogy with prayer)

┌a hymn (S1)

was sung (V1)
and
the pall-bearers (S2)
took (V2)
their places (O) beside the bier.

冒頭の when 節の後、2つの主節が and で並列されている形です。語彙的には、pall-bearer「棺を運ぶ人」や bier「棺台」などが難しいですね。

●第9文

As the last notes of the hymn died away the widow ran to the coffin, cast herself upon it and sobbed hysterically.

【全体の構造】

(As the last notes of the hymn died away)

the widow (S)
ran (V1) to the coffin,
cast (V2) herself (O) upon it
and
sobbed (V3) hysterically.

主節は the widow から始まり、それに3つの述語が続く形です。最後の hysterically は、日本語の「ヒステリックに」だと少し意味がずれるおそれがあるので、「狂ったように」と考える方がよいでしょう。

●第10文

Gradually, however, she yielded to dissuasion, becoming more composed; and as the minister was in the act of leading her away her eyes sought the face of the dead beneath the glass.

【全体の構造】

Gradually, however,

she (S1)
　yielded to* (V1)
　　dissuasion (O1), becoming more composed

; and

(as the minister was in the act of leading her away)
her eyes (S2)
　sought (V2)
　　the face of the dead beneath the glass (O2).

* この構造図では yield to「…に屈する、…に応じる」を１つの他動詞のように見なしています。

前半の節の末尾にある , becoming... composed は、分詞構文で結果を表現しています。「周囲の諫める声を聞き入れ、落ち着きを取り戻した」という流れですね。; and と後半の節の主語の間に、as... away という副詞節が挿入されています。

●第11文

She threw up her arms and with a shriek fell backward insensible.

【全体の構造】

She (S)

threw up (V1)
　　　　her arms (O)
and
with a shriek
fell (V2) backward insensible.

and が2つの述語を並列させている形です。後半の insensible「気を失った、気絶した」は fell backward「仰向けに倒れた」時の彼女の状態を説明している準補語です。ちなみに、ここで用いられている shriek「金切り声」は名詞ですが、2.1 の Yuki-Onna では動詞として登場していました。

訳例

２時が近づくにつれ、友人たちが到着し始めた。彼らは悲嘆にくれた親族に、そういった場での礼儀作法にのっとった慰めの言葉を述べた後、葬儀における自分たちの重要性の意識が高まって、厳粛に部屋の中に腰を下ろした。それから牧師がやってきて、その圧倒的な存在感で、他の人々を完全に飲み込んでしまった。続いて入ってきたのは未亡人で、嘆き声が部屋に響き渡った。彼女は棺に近づき、ひと時、冷たいガラスに顔を傾けたが、娘の近くの席に優しく誘導された。沈んだ小声で牧師が死者の追悼文を述べ始めると、その悲しげな声は、それが絶えず引き出そうとした嗚咽と混じり合い、荒波の音のように上下にうねり、寄せては返しているように思えた。彼が言葉を口にするにしたがい、陰鬱な日が一層、暗くなっていった。空一面に雲が広がり、ぽつりぽつりと雨粒が落ちた。自然界すべてがジョン・モートンソンのために泣いているかのようだった。

牧師が追悼の辞を祈りで締めくくると、讃美歌が歌われ、棺を運ぶ者たちが棺台のそばの定位置についた。讃美歌の最後の調べの響きが消えゆく中、未亡人は棺へとかけより、それにすがりついて、狂ったように号泣した。しかしながら、徐々に諭されて落ち着きを取り戻した。そして、牧師が彼女を棺から引き離そうとした時、彼女の目はガラスの下の死者の顔をちらりと見た。そこで彼女は両手を大きく挙げて、悲鳴とともに仰向けに倒れて気を失ってしまった。

3

[1]The mourners sprang forward to the coffin, the friends followed, and as the clock on the mantel solemnly

struck three all were staring down upon the face of John Mortonson, deceased.
[2]They turned away, sick and faint. [3]One man, trying in his terror to escape the awful sight, stumbled against the coffin so heavily as to knock away one of its frail supports. [4]The coffin fell to the floor, the glass was shattered to bits by the concussion.
[5]From the opening crawled John Mortonson's cat, which lazily leapt to the floor, sat up, tranquilly wiped its crimson muzzle with a forepaw, then walked with dignity from the room.

Ambrose Bierce: "John Mortonson's Funeral"

語句

- mourner：「会葬者（親族以外の参列者）」
- mantel：「マントルピース、暖炉」
- deceased：「死んだ、亡くなった」
- be shattered to bits：「粉々に砕ける」
- concussion：「（転倒などによる）衝撃」
- crimson：「深紅の」
- muzzle：「鼻面」

QUIZ ここがわかると面白い！

① 第4文で2つの節が and などの接続詞を用いずに並列

されているのにはどういう効果がある？ (➡正解は…P.163)

② 第５文の下線部で倒置が使用されているのはどういう理由から？ (➡正解は…P.164)

英文解体

●第1文

The mourners sprang forward to the coffin, the friends followed, and as the clock on the mantel solemnly struck three all were staring down upon the face of John Mortonson, deceased.

【全体の構造】

The mourners (S1)
　　sprang (V1) forward to the coffin,
the friends (S2)
　　followed (V2)

, and

(as the clock on the mantel solemnly struck three)
all (S3)
　　were staring (V3) down upon the face... .

SV の第１文型の節が３つ、A, B, and C という形で並列されています。and と最後の節の間に as 節が挿入されていることに注意しましょう。

ポイント

mourner は、「参列者」の中でも「会葬者」で、客人として招かれている人を指します。したがって、その後に、the friends followed「友人たちが後に続いた」という付け足しがあってもさほど不自然ではありません。

●第2文

They turned away, sick and faint.

sick and faint は主語である They の状態を説明する準主語です。「気分が悪く、気が遠くなって」といった感じですね。

●第3文

One man, trying in his terror to escape the awful sight, stumbled against the coffin so heavily as to knock away one of its frail supports.

【全体の構造】

One man (S)
(, trying in his terror to escape the awful sight,)
　stumbled (V) against the coffin **so** heavily
　　　　　　　　　　　　　　as to knock away... .

One man stumbled という S と V の間にコンマ（,）で挟まれた分詞構文が挿入されていて、状況説明をしています。後半の so heavily as to knock away のところでは、so... as to 不定詞「非常に…なので、～する、～するくらいに…」の構文をしっかりと捉えましょう。

●第4文

The coffin fell to the floor, the glass was shattered to bits by the concussion.

【全体の構造】

The coffin (S1)
　　　　fell (V1) to the floor,

the glass (S2)
　　　　was shattered (V2) to bits by the concussion.

2つの節が接続詞やセミコロン（;）などを用いずに、シンプルに並べられた形です。

ここがわかると面白い！の解説①

ここはパニックめいた男性の振る舞いによって、いわば事故が起こった場面であり、その場にいた人の視点からも唐突な出来事として描かれています。接続詞を置かずに2つの節が並べられていることで、それらがほぼ同時と思えるくらいに、防ぐ暇もないあっという間の出来事だったというニュアンスが感じ取れます。

QUIZ ①の答え：2つの出来事が立て続けに起こったというニュアンスを出す

●第5文

From the opening crawled John Mortonson's cat, which lazily leapt to the floor, sat up, tranquilly wiped its crimson muzzle with a forepaw, then walked with dignity from the room.

【全体の構造】

(From the opening)←空間を表す前置詞句
crawled (V)
John Mortonson's cat (S)
↑
, which lazily leapt to the floor,
sat up,
tranquilly wiped... forepaw
, then walked... .

From... の前置詞句の後に VS という倒置の語順がきている点に注意しましょう。また、主語である John Mortonson's cat の後に、その振る舞いを説明するための長めの関係代名詞節が続いています。

ここがわかると面白い！の解説②

このように、空間を表す副詞的な要素で文を始め、存在や出現に関係する動詞の後に主語を置く形を場所句倒置文と呼びます。there 構文などと同様に文脈の中に新しい情報を導入する際に用いられます。先頭の場所句は、そこまでの文脈ですでに語られていたものとの関係が深いものが多く、既出の内容をかけ橋に新しい情報へと視点をシフトさせる役割を果たします。この文の場合、直前で棺が落ち、ガラスが割れたことが描写されているため、読み手の意識は棺や割れたガラスに向いています。この第5文はそこを足場として、John Mortonson's cat という新情報に読み手の視点をつなげる働きをしているわけです。また、ここでは主語である John Mortonson's cat は[2]で描写された女性の悲鳴や、前のパラグラフの男性の狼狽の原因の種明かしをする、いわば、話のオチであるので、できれば最後にインパクトのある形で登場させたいものでもあります。その観点から見ても、主語を文末に配置できるこの構文が理にかなっていると言えるでしょう。

QUIZ ②の答え：**既出の情報から新しい情報への流れをつくると同時に、最も重要な情報を文末に持ってくるため**

訳例

会葬者たちがあわてて棺にかけより、友人たちも続いた。そして、暖炉の上の時計が厳粛に３時の鐘を鳴らす中、全員が死したモートンソンの顔を見下ろした。

彼らは気分が悪くなり、気が遠のいて目を背けた。男性の１人は恐怖のあまりその恐ろしい光景から逃れようとして、棺にガンとつまずき、もろい支柱を倒してしまった。

棺が床に落ちたかと思うと、衝撃でガラスが砕け散った。

割れた穴から這うように出てきたのはジョン・モートンソンの飼っていた猫だった。猫は物憂げに床に飛び降りると、ピンと座り、深紅に染まった鼻づらを前足で静かになでて、厳かに歩いて部屋から出ていった。

棺から猫が現れるという物語の結末に、エドガー・アラン・ポーの短編小説「黒猫」（“The Black Cat”）を思い出した人も多いのではないでしょうか。ビアスとポーは活躍した時代が近く、両者とも恐怖短編小説を得意としていたことから、よく比較の対象となります。「黒猫」も屈指の名作であり、インターネット上で原文が公開されていますので、興味を持った方はぜひ挑戦してみてください。

第3章

†

長編に挑戦する

A Novella

本章では、ここまでの総仕上げとして長編の抜粋に挑戦してみましょう。扱うのは『1984年』などで知られる20世紀のイギリスの作家ジョージ・オーウェルの傑作、Animal Farm『動物農場』*です。人間を豚や馬などの動物に見立て、革命で勝ち取った民主主義が次第に全体主義、恐怖政治へと逆戻りしていく過程が描かれています。長尺のため、すべての英文に解説を付けることは控えますが、第1章～第2章で培ってきた英文鑑賞力を試す卒業試験的な章と捉えて、楽しみながら取り組んでもらえたらと思います。

*『動物農場』は英語ではnovellaとされ、厳密には中編と呼ぶべきかもしれませんが、日常では厳格な区別がなされていないことを踏まえ、ここでは長編と見なしています。

3

George Orwell : "Animal Farm"

作品全体のあらすじ

本作は、「メイナー農場」という農場で家畜として飼われている動物たちが、豚のメイジャーじいさんの遺言をきっかけに人間の搾取に対して憤りを噴出させるところから始まります。まもなく動物たちは、農場主のジョーンズ一家を追い出して革命を果たし、動物だけになった自分たちの農場を「動物農場」と改名します。

その後、頭のよい豚たちの指導のもと、人間がつくったものをすべて撤廃するための七戒（Seven Commandments）が定められ、しばらくは民主的な方法で改革や運営がなされていきます。農場を取り戻そうとやってきた人間たちを返り討ちにするなど大きな成功も収めますが、徐々にリーダーの豚たちの間での対立が目立つようになります。

最終的に、豚の１匹であるナポレオンは、秘密裡に育てていた猟犬たちをけしかけ、ライバルのスノーボールを追い出し、それまでの民主的な農場の運営方法を排して、独裁的な体制を敷くようになります。

引用箇所のあらすじ

本章で引用するのは第６章で、ナポレオンがスノーボールを追い出した後、農場のことをみんなで決めるための「会合」を廃止し、専制的な支配を始めようとしている場面です。

動物たちはナポレオンの指示に従い、風車（近代化の比喩）を建築するためにひたむきに働きますが、最初に決めた七戒のルールやこれまでの民主的なやり方が徐々にないがしろにされていくことに疑問を感じ始めます。以上の内容を前提に作品を鑑賞してみましょう。

1

[1]All that year the animals worked like slaves. [2]But they were happy in their work; they grudged no effort or sacrifice, well aware that everything that they did was for the benefit of themselves and those of their kind who would come after them, and not for a pack of idle, thieving human beings.
[3]Throughout the spring and summer they worked a sixty-hour week, and in August Napoleon announced that there would be work on Sunday afternoons as well. [4]This work was strictly voluntary, but any animal who absented himself from it would have his rations reduced by half. [5]Even so, it was found necessary to leave certain tasks undone. [6]The harvest was a little less successful than in the previous year, and two fields which should have been sown with roots in the early summer were not sown because the ploughing had not been completed early enough. [7]It was possible to foresee that the coming winter would be a hard one.

George Orwell: *Animal Farm*

語句

- grudge：「惜しむ」
- thieving：「盗人のような」
- work a sixty-hour week：「週に 60 時間働く」
- voluntary：「自主的な、志願による」
- ration：「（食料などの）配給」
- roots：「根菜」
- ploughing：「耕作、耕し」

QUIZ ここがわかると面白い！

① 第 2 文 の those of their kind who would come after them とは具体的にはどういう者たちのことを指している？

（➡正解は…P.172）

② 第 3 文後半のナポレオンの発表はどのような内容だった？

（➡正解は…P.173）

英文解体

●第2文

But they were happy in their work; they grudged no effort or sacrifice, well aware that everything that they did was for the benefit of themselves and those of their kind who would come after them, and not for a pack of idle, thieving human beings.

【全体の構造】

But they (S1)
　were (V1)
　　happy (C) in their work
;
they (S2)
　grudged (V2)
　　　no effort or sacrifice (O)

　　　, well aware that... ←理由を表す分詞構文

全体は SVC と SVO の 2 つの主節がセミコロン (;) で並列され、後半の節の末尾に well aware that...「…ということをよくわかっていたので」という理由を表す分詞構文が置かれています。well aware that... の that 節内の構造は以下のような形です。

【that節の構造】

everything (S)
　↖(that they did)
　　　was (V)
　　for the benefit of themselves and those of their kind...
　　, and
　　not for a pack of idle, thieving human beings.

wasの後について言うと、大きくはfor the benefit of... とnot for... が、A, and not B「AであってBではない」という形で並列されていて、さらにそのAの部分のfor the benefit ofに続く箇所では、2つの要素（themselvesとthose...）がandによって結ばれています。

ここがわかると面白い！の解説①

those of their kind who would come after themというのは直訳すれば、「彼らの種族のうち、彼らの後にくるであろうもの」となりますが、この場合の「くる」というのは「生まれてくる」という意味なので、今いる動物たちの子どもや子孫、と考えることができます。

QUIZ ①の答え：**今いる動物たちの子どもや子孫**

●第4文

This work was strictly voluntary, but any animal who absented himself from it would have his rations reduced by half.

【第4文の後半の構造】

, but
any animal (S)
　　↑(who absented himself from it)
　　　would have (V)
　　　　　his rations (O)

reduced by half (C).

SVOCの第5文型で、**have ＋ O ＋動詞の過去分詞形**「Oを…される」という形ですね。

ここがわかると面白い！の解説②

さて、第3文でannounced「発表した」という動詞の後にthat節が続いているため、there would be work on Sunday afternoons as well「日曜の午後にも労働をすることになる」と発表したことは間違いありません。では、これだけでよいでしょうか。問題となるのは、その後に続く、第4文の内容、つまり、「この労働は厳密には自発的なものだが、休んだ者は配給を半分減らされる」というのが、状況を描写した地の文なのか、それとも、ナポレオンの発表の一部なのかです。ここで、第4文の後半に着目すると、any animal who absented himself from it would...のwouldの使用から、ナポレオンが発表した時点を視点にしていることがわかります。よって、ここは第4文の内容もナポレオンの発表の内容に含まれると考えた方が自然な解釈ということになります。

QUIZ ②の答え：**これからは日曜の午後も働くということ、また、その労働は厳密には参加自由だが、休んだ者は配給を半減されるということを発表した**

訳例

その年、動物たちは奴隷のように働いた。しかし、彼らは働いていて幸せだったし、いかなる労力も犠牲も惜しまなかった。自分たちがやっていることはすべて、自分たち自身や後に生まれてくる同族たちのためであり、怠惰で盗人のような人間のためではないとわかっていたからだ。

春夏を通じて、彼らは週に60時間働いたが、８月にナポレオンは、これからは日曜の午後も働くことにすると発表した。この労働は厳密には自由参加だが、休んだ者は配給を半分減らされるということだった。それでも、一部の仕事は完了できないままになってしまった。収穫は前年よりも少し悪く、初夏の時期に根菜類を植えておくべきだった２枚の畑は、耕作が終わらなかったために種まきができなかった。次の冬は厳しいものになると予見できた。

2

[1]The windmill presented unexpected difficulties. [2]There was a good quarry of limestone on the farm, and plenty of sand and cement had been found in one of the outhouses, so that all the materials for building were at hand. [3]But the problem the animals could not at first solve was how to break up the stone into pieces of suitable size. [4]There seemed no way of doing this except with picks and crowbars, which no animal could use, because no animal could stand on his hind legs. [5]Only after weeks of vain effort did the right idea

occur to somebody—namely, to utilise the force of gravity. [6]Huge boulders, far too big to be used as they were, were lying all over the bed of the quarry. [7]The animals lashed ropes round these, and then all together, cows, horses, sheep, any animal that could lay hold of the rope—even the pigs sometimes joined in at critical moments—they dragged them with desperate slowness up the slope to the top of the quarry, where they were toppled over the edge, to shatter to pieces below. [8]Transporting the stone when it was once broken was comparatively simple. [9]The horses carried it off in cart-loads, the sheep dragged single blocks, even Muriel and Benjamin yoked themselves into an old governess-cart and did their share. [10]By late summer a sufficient store of stone had accumulated, and then the building began, under the superintendence of the pigs.

George Orwell: *Animal Farm*

語句

- windmill：「風車」
- quarry：「採石場、石切り場」
- limestone：「石灰岩」
- pick：「つるはし」
- crowbar：「バール」
- hind leg：「後ろ足」

- occur to 人：「(考えなどが) 人に浮かぶ」
- boulder：「大きな石」
- lash：「結ぶ、縛る」
- cart-load：「荷車」
- Muriel：「ミュリエル」（農場の一員の白ヤギ）
- Benjamin：「ベンジャミン」（農場の一員の雄ロバ）
- yoke oneself into...：「自らを…につなぐ」
- under the superintendence of...：「…の監督のもと」

QUIZ ここがわかると面白い！

① 第5文の下線部の to 不定詞句 to utilise... は何を説明したもの？ (➡正解は…P.178)

② 第6文の far too big to be used as they were というのはどういう意味？ (➡正解は…P.179)

英文解体

●第5文

Only after weeks of vain effort did the right idea occur to somebody—namely, to utilise the force of gravity.

【全体の構造】

(Only after weeks of vain effort)

did

the right idea (S)

occur (V) to somebody

—namely, to utilise the force of gravity.

文頭にある Only after... effort は、after... という前置詞句に only が加わることで全体が否定の副詞句同様の扱いになっているため、この後に続く主節の構造は、疑問文と同じ形にしなくてはなりません。

例：
Only recently did I realize the importance of his words.
Only in this sense is that story true.

したがって、普通ならば、the right idea occurred... となるところが、**did** the right idea **occur** となっています。この点が問題なくクリアできれば、前半は「数週間に及ぶ徒労の後にようやく、名案がある者に浮かんだ」という意味だと理解できるでしょう。続いて、ダッシュ（—）以降に目を向けます。

ここがわかると面白い！の解説①

to utilise 以下の to 不定詞句がどういう用法で、この文の中でどのような役割を果たしているか、すぐにわかったでしょうか。namely「つまり」という言葉があるので、すでに出てきた何かしらの語句を言い換えたり、説明したりしているのではないか、ということは推測できるかもしれませんが、to 不定詞句が出てきたところでそれを考えていては読み解く速度が遅くなります。

この文の場合、実は前半の時点で、that節やto不定詞句などが後から出てくることを予測できるポイントがあります。それが主語のthe right idea「名案」という名詞句です。この語句はここで初めて出てきたものですから、岩を砕く方法に関する何かしらの名案であるということ以外、読み手は具体的な内容がわかりません。

そこで、その「案」がどういうものなのか、後から説明がなされるはずだと想定して読み進めることになります。このような読み方ができていると、ダッシュ(—)の後に、namely「つまり」と続いた時点で、ここからthe right ideaの内容が説明されるのだなと身構えることができ、タイムラグなしにto utilise... 以下はthe right ideaの具体的な内容を説明する同格的なto不定詞句だと結論付けることができます。

QUIZ ①の答え：ある者が思いついた名案の具体的な内容

●第6文

Huge boulders, far too big to be used as they were, were lying all over the bed of the quarry.

【全体の構造】

Huge boulders (S)
(, far too big to be used as they were,) ←挿入句
were lying (V)
all over the bed of the quarry.

SV 型の文の主語と動詞の間にコンマ (,) で挟まれた挿入句が入っている形です。

ここがわかると面白い！の解説②

この挿入句はどういう意味でしょうか。構造だけ見ると、far too big... という形容詞句の後に as ＋ S ＋ V という形が続いているので、C as S V「S は C だけど、S は C なので」を表す構文ではないかと考えた人もいるかと思います。ただし、今回の場合、「それらの石は大きすぎて利用できなかったのだが」「それらの石は大きすぎて利用できなかったので」のいずれの解釈もしっくりときません。この石を何とかして活用する話をしているわけですから、「大きすぎて利用できなかった」と言い切るのは少し奇妙です。そこから、ここは C as S V の構造ではなく、far too big to be used という後置形容詞句をシンプルに as they were「そのままで、その状態のままで」が修飾している形だと判断できたかどうかがポイントになります。そう考えると、「そのままでは大きすぎて利用できない」という意味になって、だから小さく砕かなければならないという文脈と一致します。

QUIZ ②の答え：**そのままでは大きすぎて利用できないような**

●第7文

The animals lashed ropes round these, and then all

together, cows, horses, sheep, any animal that could lay hold of the rope—even the pigs sometimes joined in at critical moments—they dragged them with desperate slowness up the slope to the top of the quarry, where they were toppled over the edge, to shatter to pieces below.

【全体の構造】

The animals (S1)
lashed (V1)
ropes (O1) round these

, and then
all together,

cows, horses, sheep, any animal that could lay hold of the rope —even the pigs sometimes joined in at critical moments—

they (S2)
dragged (V2)
them (O2) with desperate slowness up the slope to the top of the quarry
, where they were toppled over the edge, ...

大きな構造としては、2つの主節を , and then が並列させている形です。

ポイント

, and then 以下の後半が少し複雑に感じられるかもしれません。all together「みんなが力を合わせて」という副詞句の後に、cows, horses... と名詞句らしきものが続くので、これが後半の節の主語になるのではと考えて読み進めることになります。しかし、ダッシュ (—) による挿入節を挟んで、they (S) dragged (V) という明らかに SV と思しき形が出てきます。こうなると、後半の節の主語は they だと考えるしかなさそうです。そこで、cows, horses を主語として列挙していく形で節を始めたものの、途中に挿入節などが入って主語と動詞 dragged の間が空いてしまったので、改めて前述の動物たちすべてを they で受け直した形と考えればよいでしょう。

cows, horses, sheep, any animal that could lay hold of the rope
—even the pigs sometimes joined in at critical moments—

↓

they (S2) ←すべてを受け直している
　dragged (V2)

訳例

風車は予想外に困難だった。農場には石灰岩の良質の石切り場があり、離れ小屋の１つには砂とセメントが豊富に見つかったので、建設のための材料はすべて手元に揃った。しかし、動物たちが最初解決できなかった問題は、どうやって石をちょうどよい大きさに砕くかということだった。つるはしやバールを使わないでこれをする方法はないように思われたが、動物たちは後ろ足で立つことができないため、それらの道具を使える者がいなかった。数週間に及ぶ徒労を経てようやく、ある者に名案が浮かんだ。重力を利用するという案だ。そのままでは大きすぎて利用できない巨大な石が石切り場の床のいたるところに転がっていた。動物たちはそれらにロープを結び、そして、全員で力を合わせて、牛も馬も羊も、ロープつかむことができる者はどの動物も、豚たちさえもここぞという時には加わって、みんなで何とかゆっくりと丘陵を登って石切り場のてっぺんまで岩を引いていき、そこで縁から転がして落とすと、石は下で粉々に砕けた。ひとたび石が砕けると、それを運ぶのは比較的簡単だった。馬たちは荷車で、羊は個々に塊を運び、ミュリエルとベンジャミンまでが古いガヴァネスカートに体を結びつけて運ぶのを手伝った。夏の終わりになるまでには十分な石が溜まり、そうして、豚たちの監督のもと、建設が始まった。

3

[1]But it was a slow, laborious process. [2]Frequently it took a whole day of exhausting effort to drag a single boulder to the top of the quarry, and sometimes when it was pushed over the edge it failed to break. [3]Nothing could have been achieved without Boxer, whose strength seemed equal to that of all the rest of the animals put together. [4]When the boulder began to slip

and the animals cried out in despair at finding themselves dragged down the hill, it was always Boxer who strained himself against the rope and brought the boulder to a stop. $_5$To see him toiling up the slope inch by inch, his breath coming fast, the tips of his hoofs clawing at the ground, and his great sides matted with sweat, filled everyone with admiration. $_6$Clover warned him sometimes to be careful not to overstrain himself, but Boxer would never listen to her. $_7$His two slogans, "I will work harder" and "Napoleon is always right," seemed to him a sufficient answer to all problems. $_8$He had made arrangements with the cockerel to call him three-quarters of an hour earlier in the mornings instead of half an hour. $_9$And in his spare moments, of which there were not many nowadays, he would go alone to the quarry, collect a load of broken stone, and drag it down to the site of the windmill unassisted.

George Orwell: *Animal Farm*

語句

- laborious：「骨の折れる」
- Boxer：「ボクサー」（農場の一員の雄馬）
- 名詞＋ put together：「名詞を合わせたもの」
- toil：「骨を折って動く」
- claw at...：「爪で引っかく」

- side：「体」
- Clover：「クローバー」（農場の一員の雌馬）
- overstrain oneself：「働き過ぎる、無理をする」
- arrangement：「取り決め、約束」
- cockerel：「おんどり」
- a load of...：「大量の…」

QUIZ ここがわかると面白い！

① 第6文の後半の would never listen to her はどういうニュアンス？

（➡正解は…P.188）

② 第9文の文末の unassisted は何を修飾している？

（➡正解は…P.190）

英文解体

●第4文

When the boulder began to slip and the animals cried out in despair at finding themselves dragged down the hill, it was always Boxer who strained himself against the rope and brought the boulder to a stop.

【全体の構造】

When ⎧ the boulder began to slip
　　　⎨ and
　　　⎩ the animals cried out in despair at finding…hill,

it was always
　　Boxer
　　　who
　　　strained himself against the rope
　　　and
　　　brought the boulder to a stop.

when 節の中に、2つの節が and で並列される形で含まれており、副詞節が hill, まで続きます。主節が始まるのはその後からです。

ポイント

主節の形は it was... who~ の分裂文（強調構文）になっています。これは、以下のような通常の形の文をもとに、主語である Boxer に焦点が合うよう、その部分を前に引っ張り出して、it was と who で挟んだ構文です。

Boxer strained himself against the rope and brought the boulder to a stop.
→It was always **Boxer** who strained himself against the rope and brought the boulder to stop.

訳し方としては、「ふんばってロープを引っ張り、石が落ちるのを止めたのはいつもボクサーだった」などが考えられます。

●第5文

To see him toiling up the slope inch by inch, his breath coming fast, the tips of his hoofs clawing at the ground, and his great sides matted with sweat, filled everyone with admiration.

【全体の構造】

To see him toiling up the slope inch by inch (S)

{ his breath coming fast,
the tips of his hoofs clawing at the ground
, and
his great sides matted with sweat,

↑独立分詞構文の挿入

filled (V)
everyone (O1)
with
admiration (O2).

To see him... という冒頭の形から、to 不定詞句で始まる文だと判断します。to 不定詞句で始まる文の場合、主に目的を表す副詞用法のケースと名詞用法で文の主語となるケースの2通りが考えられますが、後半で filled everyone... という主語のない動詞句が出てくるため、この文は後者の名詞用法のパターンであると判断できますね。to 不定詞句の内部について言うと、his breath coming fast... with sweat までは and

で並列された独立分詞構文で、付帯状況を表しています。「息を荒くし、つま先を地面に突き立てて、脇腹を汗でびっしょりと濡らしながら」という感じです。

ポイント

さて、この文を直訳すると、「彼が息を荒くし、つま先を地面に突き立てて、脇腹を汗でびっしょりと濡らしながら少しずつ必死に坂を上っていくのを見ることは、みなを賞賛の気持ちで満たした」となります。誤りではないですが、日本語としては重苦しいですね。このように行為や出来事を主語として、それが人や生物に何らかの感情をもたらすということを表現している文を日本語に訳す際には、人や生物を主語に、行為や出来事を原因・理由に移し替えて訳す方がたいてい自然になります。この文も「彼が息を荒くし、つま先を地面に突き立てて、脇腹を汗でびっしょりと濡らしながら少しずつ坂を必死に上っていくのを見て、誰もが賞賛の気持ちでいっぱいになった」と訳した方がはるかに日本語として理解しやすいと思います。

●第6文

Clover warned him sometimes to be careful not to overstrain himself, but Boxer would never listen to her.

【全体の構造】

Clover (S1)
　warned (V1)
　　　him (O) sometimes to be careful not to...

, but

Boxer (S2)

would never listen (V2) to her.

前半で、warn O to 不定詞「O に…するよう警告する」、be careful not to 不定詞「…しないよう注意する」という2つの to 不定詞句 を含む重要な形が用いられています。

ここがわかると面白い！の解説①

後半部は構造的には難しくありませんが、ここの would never listen to her の意味はすんなりとわかったでしょうか。なんとなく「彼女の言うことに決して耳を貸さないだろう」のように捉えてお茶を濁してはいけません。ここは、拒絶を表す will not「どうしても…しようとしない」の過去形なので「彼女の言うことに決して耳を貸そうとしなかった」と解釈すべきです。

QUIZ ①の答え：**決して耳を貸そうとしなかった、というニュアンス**

●第9文

And in his spare moments, of which there were not many nowadays, he would go alone to the quarry, collect a load of broken stone, and drag it down to the site of the windmill unassisted.

【全体の構造】

And

in his spare moments

(, of which there were not many nowadays,)

he (S)

would
- go (V1) alone to the quarry,
- collect (V2)
  - a load of broken stone (O1)
- , and
- drag (V3)
  - it (O2) down to the site... unassisted.

主節は he から始まり、3つの動詞句が and で並列された形です。

ポイント

, of which... nowadays は、his spare moments「彼の空いている時間」に説明を加える非制限の関係代名詞節です。of を「…については」と解釈し、「彼の空いている時間、それについてはこの時点では多くはなかったが」と理解しましょう。

ここがわかると面白い！の解説②

unassisted は「援助を受けていない」という形容詞ですが、ここは、直前の名詞句 the windmill を後置修飾していると考えてはいけません。主語のその時点での状態や状況を説明する準補語です。つまり、drag it down to the site of the windmill「それを風車の場所まで引きずっていった」時の主語 he=Boxer の状態について、「誰の助けも借りないで」と説明しています。

QUIZ ②の答え：**主語の he**

訳例

しかし、これは遅々として進まない、骨の折れる作業だった。１日ヘトヘトになるまで働いてようやく石を１つ石切り場の頂上まで運ぶといったこともよくあったし、時に縁から落としても石が砕けないこともあった。ボクサーがいなければ何も成し遂げられなかっただろう。彼の力強さは他の動物たちすべての力を合わせたものにも匹敵しそうだった。石が滑り、動物たちが坂道を引きずり下ろされそうになってやけくそで叫んだ時も、ロープを必死に引っ張り石を止めたのはいつもボクサーだった。彼が息を荒くし、つま先を地面に突き立てて、脇腹を汗でびっしょりと濡らしながら少しずつ坂を必死に上っていくのを見て、誰もが賞賛の気持ちでいっぱいになった。クローバーが時に無理をしないよう注意してと戒めたが、ボクサーは決して耳を貸そうとしなかった。２つのスローガンである「私がもっと頑張ろう」と「ナポレオンは常に正しい」というのが彼にとってはすべての問題に対する十分な答えであるように思われた。彼は朝、30分ではなく45分早く起こしにくるようオンドリと約束していた。そして空き時間は、この時点では多くはなくなっていたが、石切り場までひとりで行き、大量の砕けた石を集めて、誰の助けも借りずに風車のある位置まで引きずっていくのが常だった。

4

$_{1}$The animals were not badly off throughout that summer, in spite of the hardness of their work. $_{2}$If they had no more food than they had had in Jones's day, at least they did not have less. $_{3}$The advantage of only having to feed themselves, and not having to support five extravagant human beings as well, was so great that <u>it would have taken a lot of failures to outweigh it</u>. $_{4}$And in many ways the animal method of doing things was more efficient and saved labour. $_{5}$Such jobs as weeding, for instance, could be done with a thoroughness impossible to human beings. $_{6}$And again, since no animal now stole, it was unnecessary to fence off pasture from arable land, which saved a lot of labour on the upkeep of hedges and gates. $_{7}$Nevertheless, as the summer wore on, various unforeseen shortages began to make themselves felt. $_{8}$There was need of paraffin oil, nails, string, dog biscuits, and iron for the horses' shoes, none of which could be produced on the farm. $_{9}$Later there would also be need for seeds and artificial manures, besides various tools and, finally, the machinery for the windmill. [10]How these were to be procured, no one was able to imagine.

[11]One Sunday morning, when the animals assembled to receive their orders, Napoleon announced that he had decided upon a new policy. [12]From now onwards Animal Farm would engage in trade with the neighbouring farms: not, of course, for any commercial purpose, but simply in order to obtain certain materials which were urgently necessary. [13]The needs of the windmill must override everything else, he said. [14]He was therefore making arrangements to sell a stack of hay and part of the current year's wheat crop, and later on, if more money were needed, it would have to be made up by the sale of eggs, for which there was always a market in Willingdon. [15]The hens, said Napoleon, should welcome this sacrifice as their own special contribution towards the building of the windmill.

George Orwell: *Animal Farm*

語句

- extravagant：「贅沢な」
- weeding：「草むしり」
- pasture：「牧草地」
- arable land：「畑」

- upkeep：「手入れ」
- paraffin oil：「パラフィン油」
- wear on：「経つ、経過する」
- ... make oneself felt：「…の影響が出る」
- horses' shoes：「蹄鉄」
- procure：「手に入れる」
- manure：「肥料」
- besides：「それに、それに加えて」
- hay：「干し草」
- wheat：「小麦」

QUIZ ここがわかると面白い！

① 第1文の badly off は何の対義語？ （➡正解は…P.194）

② 第3文の下線部は要するにどういうこと？

（➡正解は…P.196）

③ 第10文の文型は？また、were to の意味は？

（➡正解は…P.197）

英文解体

●第1文

The animals were not badly off throughout that summer, in spite of the hardness of their work.

シンプルな SVC の節の末尾に in spite of... という前置詞句が置かれている形です。

ここがわかると面白い！の解説①

badly off 自体は見たことがなくとも、well off「裕福な」の対義語だと気づくことができれば、意味の推測もしやすくなります。当然、「裕福な」の反対になるため、この語句の意味は「貧しい、困窮した」となります。なお、同種の構造を持つ表現に、comfortably off というのもあり、これは well off の類義語になります。

QUIZ ①の答え：**well off**

●第3文

The advantage of only having to feed themselves, and not having to support five extravagant human beings as well, was so great that it would have taken a lot of failures to outweigh it.

【全体の構造】

The advantage (S)

of { only having to feed themselves
, and
not having to support five extravagant human beings...

was (V)

so great (C)
that it would have taken a lot of failures to outweigh it.

The advantage が主語、was が動詞、so great が補語のSVC の形ですが、advantage の後ろにどういう利点、メリットなのかを説明する長めの of ＋動名詞句の形が続いていること、また、補語の so great の so が後ろの that 節と呼応して、so... that~ 構文「非常に…なので〜」をつくっていることに注意が必要です。

ここがわかると面白い！の解説②

上の構造から、that 節内の下線部分 it would have taken a lot of failures to outweigh it は、「自分たちを食べさせさえすればよいという、5人の贅沢な人間たちを食べさせなくともよいというメリットが非常に大きかった」ことの結果を述べていると考えられます。その前提で解釈してみましょう。

構造的には形式主語構文であり、文末の it「それ」はこの文の主語 The advantage of... as well を指しているため、文字どおりに訳すならば、「そのメリットを上回ることは多くの失敗を必要としただろう」という感じになります。ここで、もう一歩踏み込んで、述語部分が would have taken と仮定法過去完了になっていることをしっかりと認識することがポイントです。この点を把握できると、真主語の to 不定詞句に「もし…するとするなら」という仮定の意味が込められていること、また、その仮定の背後には、それとは逆の現実があることが読み取れるでしょう。結果、文脈も総合して考え合わせると、下線部が実質として伝えたいことは、その背後にある現実の方、すなわち、そのメリットが帳消しになることはまずなかった、ということだと理解できます。強めの表現を含む仮定法を用いて、その背後にある現実を遠回しに伝えるというのはよくある修辞法なので、慣れておくとよいでしょう。

QUIZ ②の答え：**そのメリットが帳消しになるようなことはまずなかったということ**

●第10文

How these were to be procured, no one was able to imagine.

【全体の構造】

How these were to be procured (O),
no one (S)
was able to* imagine (V).

* ここでは was able to を 1 つの助動詞のように見なしています

ここがわかると面白い！の解説③

How these... から始まっているため、文頭に how の名詞節「どうやって…するか」がある形だと判断します。最も標準的なのはその how 節が主語となり、後ろに述語となる動詞句が続く形ですが、この文では、how 節の後にコンマ（,）を挟んで no one was... という SV の形が続くため、how 節は主語ではなく、後に出てくる動詞の目的語が前に移動したものではないかと考えを変えて読み進めることがポイントです。そうすると、imagine まで読んだ時点で、imagine の目的語であった how 節が前置された形であると結論付けることができます。

続いて、were to... の方も確認しましょう。さまざまな意味を持つ be to 不定詞ですが、使用される形によって一定の傾向があります。今回のように be to の後に be +動詞の過去分詞形が続く場合は、かなりの確率で「…できる」という可能の意味を表していると考えてよいでしょう(2.1 の③参照)。つまり、この how 節は、「どうやったらこれらを入手することができるか」という意味になります。

QUIZ ③の答え：文型→ **SVO の O が前に出た OSV**
were to の意味→可能

●第12文

From now onwards Animal Farm would engage in trade with the neighbouring farms: not, of course, for any commercial purpose, but simply in order to obtain certain materials which were urgently necessary.

【全体の構造】

From now onwards
Animal Farm (S)
　　　would engage (V) in trade with... farms:

　　　not, of course, for any commercial purpose,

but simply in order to obtain certain materials

which were urgently necessary.

コロン（:）の後の後半部分は、not A but B「A ではなくB」の形で trade「貿易」の目的を明示しています。

ポイント

第 11 文に Napoleon announced... とあり、ナポレオンの発表内容が語られていますが、この第 12 文もその発表の内容が続いていると考えましょう。1で確認した英文と同様です。

訳例

労働はきつかったが、夏を通して動物たちの暮らしは悪くはなかった。ジョーンズがいた頃より食料が多くなったわけではないとしても、少なくともそれより減ったということもなかった。自分たちだけ食べていければよく、5人の贅沢な人間たちの面倒まで見る必要がないというのは相当のメリットで、よほどの失敗でも繰り返さない限り、それが帳消しになるということはまずなかったのだ。それに、多くの点で動物たちのやり方は以前よりも効率がよく、労働力の節約にもなっていた。たとえば、草むしりのような仕事は人間にはとうてい無理なほど完璧にこなすことができた。それに、どの動物も盗みをしなかったので、牧草地と畑をフェンスで区切る必要もなく、門扉や生け垣の手入れのための相当の労働力を節約できた。それでも、夏が過ぎてゆくにつれて、予想していなかったさまざまな不足の影響が出るようになった。パラフィン油、釘、紐、犬用ビスケット、蹄鉄用の鉄などが必要だったが、そのいずれも農場ではつくれなかった。さらに後には、種や化学肥料に加え、さまざまな道具、ついには風車用の機械も必要ということになった。どうやったらこういったものを手に入れることができるか、誰にも想像がつかなかった。

ある日曜の朝、動物たちが指示を聞くために集まると、ナポレオンは次のように発表した。新たな方針を決定した。これから動物農場は、近隣の農場との貿易を行う。もちろん、商業目的ではなく、単に緊急に必要となる物資を得るためだ。風車に必要なものは他の何物にも優先する。だから、干し草の一山と今年の小麦の収穫の一部を売却する取り決めを交わす予定だ。後にもっと金が必要になった場合は、卵も売却してそれを補わねばならないだろう。卵はウェリントンでは常に需要がある。雌鶏たちはこの犠牲を風車の建設に向けての自分たちならではの貢献の仕方として歓迎すべきだ。

5

[1]Once again the animals were conscious of a vague uneasiness. [2] Never to have any dealings with human beings, never to engage in trade, never to make use of money—had not <u>these</u> been among the earliest resolutions passed at that first triumphant Meeting after Jones was expelled? [3] All the animals remembered

passing such resolutions: or at least they thought that they remembered it. [4] The four young pigs who had protested when Napoleon abolished the Meetings raised their voices timidly, but they were promptly silenced by a tremendous growling from the dogs. [5] Then, as usual, the sheep broke into "Four legs good, two legs bad!" and the momentary awkwardness was smoothed over. [6] Finally Napoleon raised his trotter for silence and announced that he had already made all the arrangements. [7] There would be no need for any of the animals to come in contact with human beings, which would clearly be most undesirable. [8] He intended to take the whole burden upon his own shoulders. [9] A Mr. Whymper, a solicitor living in Willingdon, had agreed to act as intermediary between Animal Farm and the outside world, and would visit the farm every Monday morning to receive his instructions.

[10] Napoleon ended his speech with his usual cry of "Long live Animal Farm!" and after the singing of 'Beasts of England' the animals were dismissed.

[11] Afterwards Squealer made a round of the farm and set the animals' minds at rest. [12] He assured them that the resolution against engaging in trade and using money had never been passed, or even suggested. [13] It was pure imagination, probably traceable in the beginning to lies circulated by Snowball. [14] A few animals still felt faintly doubtful, but Squealer asked

them shrewdly, "Are you certain that this is not something that you have dreamed, comrades? [15] Have you any record of such a resolution? [16] Is it written down anywhere?" [17] And since it was certainly true that nothing of the kind existed in writing, the animals were satisfied that they had been mistaken.

George Orwell: *Animal Farm*

語句

- dealings：「取引」
- resolution：「決定事項、決議事項」
- triumphant：「勝利を収めた、勝ち誇った」
- growling：「（動物の）うなり声」
- trotter：「（羊、豚などの）足」
- solicitor：「弁護士」
- intermediary：「仲裁者」
- be dismissed：「解散する」
- Squealer：「スクィーラー」（ナポレオンの側近の雄豚）
- set one's mind at rest：「…の気持ちを落ち着かせる」
- traceable to...：「…に由来する、…に起因する」
- shrewdly：「抜け目なく」
- comrade：「同志」

QUIZ ここがわかると面白い！

① 第 2 文の下線部の these は何を指す？ （➡正解は…P.204）

② 第 6 文で始まるナポレオンの言葉はどこまで続いている？ （➡正解は…P.205）

③ 第 9 文の A Mr. Whymper で、固有名詞の前に A があるのはどうして？ （➡正解は…P.207）

英文解体

●第2文

Never to have any dealings with human beings, never to engage in trade, never to make use of money—had not these been among the earliest resolutions passed at that first triumphant Meeting after Jones was expelled?

【全体の構造】

> Never to have any dealings with human beings,
> never to engage in trade,
> never to make use of money

—had not

these (S)

been (V)

among the earliest resolutions (C)

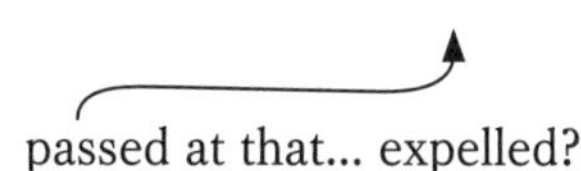

ここがわかると面白い！の解説①

these が何を指しているかについて自信を持って答えるためには、この少し複雑な文の構造をしっかりと理解する必要があります。まず、冒頭に Never to... という形の to 不定詞句が３つ続くため、同種のものが並列されているのだろうということはわかると思います。文の冒頭にある to 不定詞句は「…するために（…しないために）」という目的を表す副詞用法か、「…すること（…しないこと）」という名詞用法のパターンが多いですが、今回はどちらでしょうか。

一見すると直後に had not these (S) been (V) と主語と動詞をともなった形が続くため、副詞用法と考えたくなるかもしれません。しかし、そうすると、these が何を指しているのかがわからなくなります。第１文にも these が指していると考えられる語句はありません。ここから、Never to... の部分はすべて名詞用法であり、these はそれを受けているのではないかと考えられたかどうかが大きなポイントです。

この文は３つの名詞用法の to 不定詞句「決して人間と取引しないこと」、「決して貿易をしないこと」、「決して金を利用しないこと」を冒頭に置いた上で、その３つを these でまとめて受けて文を組み立てている形になっています。専門的な言葉で言うと、左方転移と呼ばれるような現象に近いものです。

Never to have any dealings with human beings,
never to engage in trade,
never to make use of money

—had not

these (S) ... ←3つのto不定詞句を受けている

QUIZ ①の答え：**Never to... money までの 3 つの to 不定詞句**

●第6文

Finally Napoleon raised his trotter for silence and announced that he had already made all the arrangements.

【全体の構造】

Finally Napoleon (S)

raised (V1)
his trotter (O1) for silence
and
announced (V2)
that he had... the arrangements (O2).

ここがわかると面白い！の解説②

第 6 文では、announced that... という形でナポレオンが発表したことがはっきりと描写されましたが、第 7 文以降では、しばらく、he said や he announced といったナポレオンの発言であることを示すような語句はありません。では、ナポレオンの発言内容はあくまで第6文の最後で終わりで、第7文以降は地の文だと考えてよいでしょうか。結論から言うと、答えは否です。まず、第7文以降も、意図を示すintendを用いた第8文など、内容的にナポレオン視点の表現が見られます。さらに読み進めると、第10文でNapoleon ended his speech with his usual cry of "Long live Animal Farm!"「ナポレオンはいつもの『動物農場ばんざい！』という叫び声で演説を締めくくった」という言葉が出てきます。これは、ここまでの内容がナポレオンの演説を表現したものだったということを示す明確なサインです。したがって、第6文で始まったナポレオンの発表の内容は第9文（最後の"Long live Animal Farm!"まで入れるなら第10文）まで続いていたと考えるのが自然です。

QUIZ ②の答え：**第9文（最後の"Long live Animal Farm!"まで入れるなら第10文）**

●第9文

A Mr. Whymper, a solicitor living in Willingdon, had agreed to act as intermediary between Animal Farm and the outside world, and would visit the farm every Monday morning to receive his instructions.

【全体の構造】

A Mr. Whymper (S)
(, a solicitor living in Willingdon,)

had agreed (V1)
　　　to act as intermediary... world (O1)
, and

would visit (V2)
　　　the farm (O2) every Monday... .

ポイント

主語の直後のコンマ（,）で挟まれた部分は、主語である A Mr. Whymper の属性や立場を説明する名詞句になっています。

ここがわかると面白い！の解説③

不定冠詞の a は、人名には原則として付かないのですが、例外もあります。1つは歴史上の偉人などの前に付けて、「…のような（偉大な）人」という意味を表すケース、もう1つは話し手や聞き手がそこまで知らない人の名前の前に付けて「ある…という名前の人」という意味を表現するケースです。それぞれの例を確認してみましょう。

例：He is an Eistein.
「彼はアインシュタインみたいにすごい人だ」
　　I got a letter from a Mr. Brown.
「ブラウンさんという人から手紙をもらった」

ここはもちろん後者のパターンで、ナポレオンがこれから動物農場と外の世界の窓口となってくれる人物を初めて紹介するために、Aをつけて「ウィンパーさんという名前の人」というニュアンスを伝えていると考えられます。また、Whymperという名前は、whimper「すすり泣く、泣き言を言う」と音が近く、この人物の線の細さや小物感をほのめかしていますね。

QUIZ ③の答え：**初めて紹介する人物であるウィンパーさんに「…という名前の人」というニュアンスを加えるため**

訳例

またもや動物たちは漠然とした不安感に襲われた。人間とは決して取引をしないこと、貿易には決して加わらないこと、金は決して利用しないこと、これらのことはジョーンズ追放後の最初の勝利の会合で一番初めに決められた事項ではなかったのか。動物たちはみな、そういった事項を決定したことを覚えていた、あるいは少なくとも覚えている気がした。ナポレオンが会合を廃止した際に抗議した4匹の若い豚たちが恐る恐る声を上げたが、例の犬たちの大きなうなり声にすぐに黙ってしまった。そして、いつものように、羊たちが「四つ足はいい、二足はダメ」という掛け声を上げ始め、その場の気まずい雰囲気は和らいだ。最後に、ナポレオンが静粛にと足を上げ、すでにすべての調整は自分が行ったと発言した。いかなる動物たちも人間と接触する必要はまったくない。それは明らかに最も望ましくないことだ。自分がすべての責任をこの双肩に担うつもりだ。ウィリンドンに住んで弁護士をやっているウィンパーさんという人が動物農場と外界の仲介役を担うことを同意してくれたので、毎週月曜の朝に指示を受け取りに本農場を訪れることになるだろう。ナポレオンは「動物農場ばんざい!」といういつもの叫び声で話を締めくくり、「イギリスのけものたち」の合唱の後、動物たちは解散した。

後に、スクィーラーが農場を回って、動物たちの気持ちを落ち着かせた。彼は、貿易に参加したり金を使ったりすることを禁じる決定などなされていないし、そもそも提案すらされていない、と動物たちを安心させた。単に思い込みで、おそらくは最初はスノーボールが言いふらした嘘から始まったものだというのだ。それでもなんとなく疑っている動物たちがまだ少しいたが、スクィーラーは抜け目なくこう聞いた。「同志たちよ、それはあなたがたが夢で見たものじゃないと確信できるかね。そういう決定の記録でもあるのかね。どこかに書き留められているのかね」そういった種のものが文章で存在しないことは間違いなく事実であったため、その動物たちも自分たちの勘違いだったと納得した。

6

$_1$Every Monday Mr. Whymper visited the farm as had been arranged. $_2$He was a sly-looking little man with side whiskers, a solicitor in a very small way of business, but sharp enough to have realised earlier than anyone else that Animal Farm would need a broker and that the commissions would be worth having. [3]The animals watched his coming and going with a kind of dread, and avoided him as much as possible. [4]Nevertheless, the sight of Napoleon, on all fours, delivering orders to Whymper, who stood on two legs, roused their pride and partly reconciled them to the new arrangement. [5]Their relations with the human race were now not quite the same as they had been before. [6]The human beings did not hate Animal Farm any less now that it was prospering; indeed, they hated it more than ever. [7]Every human being held it as an article of faith that the farm would go bankrupt sooner or later, and, above all, that the windmill would be a failure. [8]They would meet in the public-houses and prove to one another by means of diagrams that the windmill was bound to fall down, or that if it did stand up, then that it would never work. [9]And yet, against their will, they had developed a certain respect for the efficiency with which the animals were managing their own affairs. [10]One symptom of this was that they had begun to call Animal Farm by its proper name and ceased to pretend that it was called the Manor Farm. [11]They had also dropped their championship of Jones, who had given up hope of getting his farm back and gone to live in another part of the county. [12]Except through Whymper, there was as yet no contact between Animal Farm and the outside world, but there were constant rumours that Napoleon was about to enter into a definite business agreement either with Mr. Pilkington of Foxwood or with Mr. Frederick of Pinchfield—but never, it was noticed, with both simultaneously.

George Orwell: *Animal Farm*

語句

- sly-looking：「ずる賢そうな」
- whiskers：「頬ひげ」
- in a small way：「小規模の」
- commission：「手数料」
- rouse：「かき立てる、喚起する」
- reconcile A to B：「A に B を耐えさせる、我慢させる」
- go bankrupt：「破産する」
- diagram：「図表」
- stand up：「建つ」
- championship：「擁護」
- Foxwood：「フォックスウッド」（隣の農場）
- Pinchfield：「ピンチフィールド」（もう一方の隣の農場）

QUIZ ここがわかると面白い！

① 第 6 文の下線部はどういう意味？ （➡正解は…P.214）

② 第 8 文には、厳密に言うと、文法的には不要な語が、

1語ある。それはどれ？ (➡正解は…P.216)

英文解体

●第2文

He was a sly-looking little man with side whiskers, a solicitor in a very small way of business, but sharp enough to have realised earlier than anyone else that Animal Farm would need a broker and that the commissions would be worth having.

【全体の構造】

He (S1)
　was (V1)
　　a sly-looking little man with side whiskers (C)

, a solicitor { in a very small way of business / , but / sharp enough to have realized... .

大枠はシンプルなSVCの構造ですが、補語にあたるa sly-looking little man...を言い換えたa solicitorに少し複雑な修飾語句が付いているので文が長くなっています。

ポイント

solicitorの後ろにin a very small way of businessとsharp enough...という2つの後置修飾語句が続いていて、

それらがbutで並列された形になっています。また、2つ目の修飾語句であるsharp enough to have realized... では、have realizedがearlier... elseを挟んで2つのthat節につながることも見落としてはいけません。a solicitor以下を訳すと、「ごく小規模の事業を営んでいるが、誰よりも早く動物農場が仲介人を必要とするであろうこと、また、その手数料はものにする価値があるであろうことを見抜くだけの鋭さをもった弁護士」といった感じになるでしょう。

●第6文

The human beings did not hate Animal Farm any less now that it was prospering; indeed, they hated it more than ever.

【全体の構造】

The human beings (S1)
did not hate (V1)
Animal Farm (O1) any less now that...prospering
;
indeed, they (S2)
hated (V2)
it (O2) more than ever.

セミコロン（;）を挟んで2つの節が並んでいる形です。

ここがわかると面白い！の解説①

やや難しいのは前半で、not hate... any less now that... を

どう解釈するかが鍵になります。ここで、少し古い形ですが、以下のような表現を思い出せるかがポイントになります。

例：His mood didn't improve any the better because of the good news.
「彼の機嫌は、良い知らせがあったからといって少しも良くならなかった」

この例の場合、the が「その分だけ」という副詞として用いられていて、後半の because of the good news「良い知らせゆえに」という理由を表す前置詞句が、「その分だけ」の内容を表しています。結果として直訳は、「彼の機嫌が良い知らせの分だけ良くなることはまったくなかった」となって、上のような訳が出てきます。実はこの構文は、たまに the が省略されることもあり、第6文がまさにそのタイプとなります。したがって、any と less の間に the を補って、「人間たちがその分だけ動物農場を憎む気持ちが少なくなることは少しもなかった」と解釈し、後ろの理由を表す now that 節が「その分だけ」の内容を説明していると考えると正しく理解できます。直訳は「動物農場がうまくいっているという分だけ、人間が動物農場を憎む気持ちが少なくなる（憎まなくなる）ということまったくなかった」となり、より意味を汲んで訳すと、「うまくいっているからといって人間たちが動物農場を憎まなくなるということは少しもなかった」といった感じになります。なお、下線部の後に続く indeed は前章でも登場した「それどころか」の意味ですね。

QUIZ ①の答え：**うまくいっているからといって人間たちが動物農場を憎まなくなるということは少しもなかった**

●第8文

They would meet in the public-houses and prove to one another by means of diagrams that the windmill was bound to fall down, or that if it did stand up, then that it would never work.

【全体の構造】

They (S)

would { meet (V1) in the public-houses
and
prove (V2) to one another by means of diagrams...

　would という助動詞の後に続く 2 つの本動詞 meet と prove が and で並列されている形ですね。後半の動詞句では、prove が to one another by meaning of diagrams という前置詞句を挟んで目的語の that 節につながっている点に注意しましょう。

ここがわかると面白い！の解説②

　問題は、prove につながる目的語の that 節の箇所です。1 つ目の that 節が down で終わった後、, or の後に that if ... と続くところまではよいでしょう。or で結ばれて、もう 1 つ prove の目的語となる that 節が続くのだな、と判断できます。しかし、その that 節の内部の、then that it would... というところの that には戸惑った人も多いのではないでしょうか。that 節の内部が別の従属節だけで完結するということはないため、今回のように that 節の冒頭に従属節の形がある場合は、その従属節に対応する主節が後に続くのが基本です。下の例で確認してみてください。

例：He told everyone that if it rained, the event would be canceled.
「彼らはみんなに、もし雨が降ったらイベントは中止だと伝えた」

　ところが、第８文の問題の箇所では、if 節が終わり、then を合図にそれに対応する主節が登場しようとするところで、どうみても接続詞としか思えない that が登場します。これは上の例にあてはめてみると、the event の前にもう１つ that が入った He told everyone that if it rained, that the event would be canceled. のような形に相当し、明らかに余分な that だと言えます。では、この that はなぜここにあるのでしょうか。実は、that 節の冒頭に長い副詞節などが入った場合、その副詞節に対応する主節を始めるところで改めて that を言い直すということはよくあるのです。多くの場合は、聞き手や読み手が that 節の最中であることを忘れないようにするための配慮だと考えられるでしょう。今回の例では that 節の冒頭に入っている if it did stand up というのは５語なので必ずしも長いとは言えないですが、同じタイプの現象だと考えられます。

that if it did stand up, ←まずは従属節

then **that** it would never work.

↑

that節内の主節が始まるタイミングで改めて言い直し

文法のルールから言うと、ifの前にthatを1回おけば、本来それで十分なので、thenの後ろのthatは冗長な1語ということになります。

QUIZ ②の答え：**thenの後のthat**

訳例

毎週月曜日、ウィンパーさんは取り決めどおりに農場にやってきた。ずる賢そうな見た目の頬ひげを生やした小男で、ごく小規模の営業をしている弁護士だったが、動物農場には仲介人が必要で、その手数料は手にするに値するものになるだろうことを誰よりも早く見抜くだけの鋭さがあった。動物たちは、彼がやってきて帰っていくのをある種の恐怖とともに眺め、できるだけ彼のことを避けた。それでも、四つ足のナポレオンが二足で立っているウィンパーに指示を出す姿は彼らの自負心を呼び起こし、一部にはそのおかげもあって、彼らはその新しい取り決めも受け入れることができたのだった。人類との関係は以前のものと少し変わってきた。動物農場がうまくいっているからといって、人間たちが憎まなくなるということは少しもなかった。それどころか、以前にもまして憎むようになった。人

間はみな、遅かれ早かれ農場は破綻するだろうし、とりわけ、風車は失敗するだろうというのを信条として掲げていた。パブで会い、図表を使って、風車はきっと倒壊するとか、建ったとしても絶対にうまく作動しないとお互いに言い合ったものだった。しかし、意に反して、動物たちが効率よく物事を回していることに、ある種の敬意も抱くようになっていた。その1つの兆候として、動物農場を本来の名前で呼ぶようになって、メイナーハウスと言い張るのを止めたということがある。農場を取り戻すのを諦めて、他の地区に引っ越してしまったジョーンズのことも擁護しなくなった。ウィンパー経由の場合を除くと、まだ動物農場と外界の接触はなかったが、ナポレオンがフォックスウッドのピルキントン氏かピンチフィールドのフレデリック氏と明確な商取引の協定を結ぼうとする一方、両方と同時に結ぶことはないだろう、という噂もたえず囁かれていた。

7

[1]It was about this time that the pigs suddenly moved into the farmhouse and took up their residence there. [2]Again the animals seemed to remember that a resolution against this had been passed in the early days, and again Squealer was able to convince them that this was not the case. [3]It was absolutely necessary, he said, that the pigs, who were the brains of the farm, should have a quiet place to work in. [4]It was also more suited to the dignity of the Leader (for of late he had

taken to speaking of Napoleon under the title of "Leader") to live in a house than in a mere sty. 5 Nevertheless, some of the animals were disturbed when they heard that the pigs not only took their meals in the kitchen and used the drawing-room as a recreation room, but also slept in the beds. 6 Boxer passed it off as usual with "Napoleon is always right!", but Clover, who thought she remembered a definite ruling against beds, went to the end of the barn and tried to puzzle out the Seven Commandments which were inscribed there. 7 Finding herself unable to read more than individual letters, she fetched Muriel.

8 "Muriel," she said, "read me the Fourth Commandment. 9 Does it not say something about never sleeping in a bed?"

10 With some difficulty Muriel spelt it out.

11 "It says, 'No animal shall sleep in a bed with sheets,'" she announced finally.

George Orwell: *Animal Farm*

語句

- take up one's residence：「住居をかまえる、住処とする」
- dignity：「威厳、尊厳」
- of late：「最近」

- take to ...ing：「…するのが習慣になる」
- sty：「豚小屋、汚れた場所」
- pass off ... with ~：「…を～で押し通す、ごまかす」
- puzzle out：「解読する」
- inscribe：「刻み込む、刻印する」
- fetch：「行って連れてくる」
- spell out：「はっきり表現する、説明する」

QUIZ ここがわかると面白い！

①第4文の（　）で囲まれた部分はどういう目的でここに挿入されている？ （➡正解は…P.222）

②クローバーはなぜ七戒を解読しようとした？ （➡正解は…P.223）

英文解体

●第1文

It was about this time that the pigs suddenly moved into the farmhouse and took up their residence there.

【全体の構造】

It was
　about this time
　　　that
　　　the pigs

suddenly moved into the farmhouse
and
took up their residence there.

構造としては③の英文で登場したものと同じ分裂文ですが、この文の場合、about this time に焦点を合わせるためというよりは、直前の内容とつながりのある about this time を先頭に持ってくるために用いられていると考えられます。It be と that や who の間に入る語句が比較的短く、this、that、these などの直前の内容を受けることができる語が含まれている場合には、このタイプの分裂文である可能性が高いと言えます。

●第4文

It was also more suited to the dignity of the Leader (for of late he had taken to speaking of Napoleon under the title of "Leader") to live in a house than in a mere sty.

【全体の構造】

It (形式S)
was (V)
also more suited to the dignity of the Leader (C)
(...)
to live in a house than in a mere sty. (真S)

全体としては it... to 不定詞の形式主語構文ですが、the Leader の後にある（　）が長いため、真の主語である to

不定詞句がかなり後になるまで出てこない点に注意が必要です。

ここがわかると面白い！の解説①

では、問題の（ ）の内容を確認してみましょう。

for of late he had taken to speaking of Napoleon under the title of "Leader"

理由を表す接続詞のfor「というのも…だからだ」が冒頭にあるため、この部分が何らかの理由を説明するために挿入されたことは明白です。では何の理由を説明しているのでしょうか。

take to ...ingは「…するようになる」、under the title of ...は「…という称号で、肩書で」という意味なので、この部分を直訳すると、「というのも、最近彼はナポレオンのことを『指導者』という肩書で呼ぶようになっていたからだ」となります。

ここで、改めて（ ）部分の直前に目をやると、It was also more suited to the dignity of the Leader「それはまた指導者の威厳にとってもふさわしい」となっています。この箇所のthe Leader「指導者」がナポレオンのことを指しているのは文脈から推測がつきますが、ナポレオンがはっきりとそのように呼ばれるのはここが初めてです。そこで、（ ）の部分は、ナポレオンのことを「指導者」という言葉で表現している点を補足的に説明するために付け加えられたものではないかと判断することができます。

接続詞のforには特定の言葉を使ったことに対する理由を説明したり、補足したりする役割があり、少し意表を突く言葉遣いをした後で、どうしてそういう言い方をしているかを説明する際によく用いられます。

QUIZ ①の答え：**直前でスクィーラーがナポレオンのことを「指導者」という言葉で表現している点を補足するため**

●第6文

Boxer passed it off as usual with "Napoleon is always right!", but Clover, who thought she remembered a definite ruling against beds, went to the end of the barn and tried to puzzle out the Seven Commandments which were inscribed there.

【全体の構造】

Boxer (S1)
　　passed (V1)
　　　　　it (O) off as usual with "Napoleon ... right!",
but

Clover (S2)
　, who thought she remembered a definite ruling...

　　went (V2) to the end of the barn
　　and
　　tried to puzzle out (V3) ... .

Boxerを主語とする節とCloverを主語とする節を等位接続詞のbutが並列していて、さらに、後者の方の節では2つの述語動詞がandで結ばれています。前半の節の末尾にある"Napoleon is always right!"「ナポレオンは常に正しい」は文の形をしていますが、これを1つの名詞の塊のように見なして「…という言葉、セリフ」という意味で使っています。

ここがわかると面白い！の解説②

後半のクローバーを主語とする節で、主語の後に続く非制限の関係代名詞節、who thought she remembered a definite ruling against bedsがポイントになります。a definite ruling against bedsは「ベッドで寝ることを禁ずる明確な規定、ルール」という意味なので、クローバーはこういうルールが記憶にあると考えて、went to the end of the barn「納屋の端に行き」、tried to puzzle out the Seven Commandments「七戒を解読しようとした」ということが読み取れますね。

QUIZ ②の答え：**ベッドで寝ることを禁ずる明確なルールがあったように思ったので、それを確かめるため**

訳例

このくらいの時期に、豚たちは突然屋敷に引っ越し始め、そこを住処とするようになった。またもや、動物たちはそれを禁ずる決定が最初の頃になされていた記憶があるような気がし、またもや、スクィーラーがそれは事実ではないと彼らを説得するのだった。彼はこう言った。豚たちは農場の頭脳なのだから、働くための静かな場所があることが絶対に必要だ。それに単なる豚小屋に住むより屋敷に住む方が「指導者」(この頃になると彼はナポレオンのことを「指導者」という肩書で呼ぶようになっていた)にふさわしくもある。それでも、豚たちがキッチンで食事をとり、応接室を娯楽室として利用しているばかりか、ベッドで寝ているということを聞いてモヤモヤする動物たちもいた。ボクサーは「ナポレオンは常に正しい!」という決まり文句でやり過ごしたが、クローバーは、ベッドで寝ることを禁じる明確なルールを覚えている気がして、納屋の端に行き、そこに刻まれている七戒を解読しようとした。1つ1つの文字を読むので精いっぱいだとわかった彼女はミュリエルを連れてきた。
「ミュリエル、第四戒を読んで。ベッドで決して寝るな、みたいなこと書いてない?」とクローバー。
　少し苦戦しつつ、ミュリエルはそれを読み上げた。
「いかなる動物もシーツを敷いたベッドでは寝るべからず、と書いてあるよ」とようやく彼女は言った。

8

[1]Curiously enough, Clover had not remembered that the Fourth Commandment mentioned sheets; but as it was there on the wall, it must have done so. [2]And Squealer, who happened to be passing at this moment,

attended by two or three dogs, was able to put the whole matter in its proper perspective.

[3]"You have heard then, comrades," he said, "that we pigs now sleep in the beds of the farmhouse? [4]And why not? [5]You did not suppose, surely, that there was ever a ruling against beds? [6]A bed merely means a place to sleep in. [7]A pile of straw in a stall is a bed, properly regarded. [8]The rule was against sheets, which are a human invention. [9]We have removed the sheets from the farmhouse beds, and sleep between blankets. [10]And very comfortable beds they are too! [11]But not more comfortable than we need, I can tell you, comrades, with all the brainwork we have to do nowadays. [12]You would not rob us of our repose, would you, comrades? [13]You would not have us too tired to carry out our duties? [14]Surely none of you wishes to see Jones back?"

[15]The animals reassured him on this point immediately, and no more was said about the pigs sleeping in the farmhouse beds. [16]And when, some days afterwards, it was announced that from now on the pigs would get up an hour later in the mornings than the other animals, no complaint was made about that either.

George Orwell: *Animal Farm*

語句

- attended by...：「…を連れて、…を伴って」
- put ... in one's proper perspective：「…を正しく見定める」
- properly regarded：「しかるべき視点から見れば」
- with all...：「…を考慮すれば」
- repose：「休息、休憩」

QUIZ ここがわかると面白い！

① 第4文の Why not? はここではどういう意味？

(➡正解は…P.227)

② 第5文の surely はどういうニュアンスで用いられている？

(➡正解は…P.228)

英文解体

●第3〜4文

"You have heard then, comrades," he said, "that we pigs now sleep in the beds of the farmhouse? And why not?

【第3文のセリフ部分の構造】

"You (S)
  have heard (V) then, comrades, ...
                    that... of the farmhouse? (O)

comrades「同志」は、「同志たちよ」という感じで呼びかけるときによく用いられる単語です。

ここがわかると面白い！の解説①

Why not? は日常でもよく用いられるフレーズですが、これは直前で語っていた内容を受け、「どうしてそうしないのか」という意味を表すものです。それが、文脈によって、文字どおりに理由を尋ねる疑問文として機能することもあれば、「どうしてしないことがあるか→いや、当然する」という反語文として機能することもあります。今回の場合、受けているのは、we pigs now sleep in the beds of the farmhouse「私たち豚が今は屋敷のベッドで寝ている」という箇所であり、Why not? のニュアンスは文脈から「私たちが屋敷のベッドで寝るのは当然だ」という趣旨を反語的に伝えているものだと判断できます。

QUIZ ①の答え：**私たち豚が屋敷のベッドで寝るのは当然だ**

●第5文

You did not suppose, surely, that there was ever a ruling against beds?

ここがわかると面白い！の解説②

構造は非常にシンプルですが、surely の用法に注意が必要です。「確かに、きっと、間違いなく」などの訳では意味が通りません。実は surely には否定文で用いて、「まさか…しないよね」と確認する文をつくり出す用法があります。

例: Surely, you can't be serious?
「まさか、本気じゃないよね」

ここはまさにそのパターンで、全体は「まさか、ベッドで寝ることを禁じるルールがあったなどと考えたのではないだろうね」という意味になります。ちなみに、第14文で用いられている surely も同じ用法ですね。

QUIZ ②の答え：「まさか…」

●第10〜11文

And very comfortable beds they are too! But not more comfortable than we need, I can tell you, comrades, with all the brainwork we have to do nowadays.

【全体の構造】

And very comfortable beds (C1)
they (S)
are (V) too!
But
not more comfortable than... (C2).

2つの文になっていますが、第11文は実質、第10文の

are の補語にあたる語句だけで構成されているので、構造上は1つの文と見なしても問題ありません。第11文の冒頭の But は第10文の文頭に前置されている very comfortable beds と第11文の冒頭の not more comfortable という2つの補語を並列させています。

●第15文

The animals reassured him on this point immediately, and no more was said about the pigs sleeping in the farmhouse beds.

【全体の構造】

The animals (S1)
　　reassured (V1)
　　　　him (O1) on this point immediately
, and
no more (S2)
　　was said (V2)
　　　　about the pigs sleeping in the farmhouse beds.

2つの節を , and が結びつけている形です。

ポイント

1つ目の節では、reassured him on this point の訳し方が少し難しいです。直訳は「彼にこの点について再確認した」といったものになるかと思いますが、これだと少しニュアンスが伝わりづらいですね。ここは、this point が直前の none of you wishes to see Jones back「誰もジョーンズに帰ってきてほしくない」という部分を受けていて、この点について彼に改めてはっきり告げたということになります。したがって、その雰囲気が伝わるよう「それはない」「それはありえない」などのセリフを補って、「それはありえないと再確認した」という風に訳すとよいでしょう。

2つ目の節の about の後ろの構造について、the pigs sleeping in the farmhouse beds の部分を「屋敷のベッドで寝る豚たち」と解釈した人はいないでしょうか。その場合、the pigs を sleeping... が現在分詞句として修飾しているという分析になりますが、ここは豚の中にベッドで寝る豚とそうでない豚がいるということではなく、そもそも豚がみな屋敷に引っ越してベッドで寝ているという話なので、the pigs を意味上の主語、sleeping in the farmhouse beds を動名詞句と考えて、「豚が屋敷のベッドで寝ること」と解釈した方がより正確でしょう。

訳例

奇妙なことに、クローバーには第四戒がシーツについて触れているという記憶はなかったが、壁にそう刻まれているので、そうだったに違いないのだろう。スクィーラーがその時、たまたま犬を連れて通りかかり、その問題すべてを正しく見定めた。

「同志たちよ、それでは私たち豚が屋敷のベッドで寝ているということは聞いたのだね」と彼は言った。「そうだとして、それは当然では。まさか、ベッドで寝ることを禁じる規定があったなどと思っていたわけではあるまいね。ベッドというのは単に眠る場所ということだ。台の上の藁の束だってしかるべき見方で見ればベッドだよ。規定はシーツを禁じるものだった。シーツは人間の発明だからね。私たちは屋敷のベッドからシーツを取り除き、毛布にくるまって寝ているのだ。それらのベッドは実際、非常に快適でもある。けれど、同志たちよ、近頃私たちがやっている頭を使う仕事のことを考えたら、必要以上に快適ということはないと言える。同志たちよ、私たちから休息を奪いたいのかい？　仕事をこなせないほどに疲れさせたいのかい？　まさか、諸君の中にジョーンズに帰ってきてほしい者がいるなんてことはあるまいね」

動物たちはこの点についてすぐにそんなことあるわけないと彼に再確認し、それ以上、豚たちが屋敷のベッドで寝ていることについて話題になることはなかった。そして、数日後、これから豚たちは他の動物たちよりも朝１時間遅く起床することとする、という発表があったが、それについても不満は出なかった。

9

1 By the autumn the animals were tired but happy. 2 They had had a hard year, and after the sale of part of the hay and corn, the stores of food for the winter were none too plentiful, but the windmill compensated for everything. 3 It was almost half built now. 4 After the

harvest there was a stretch of clear dry weather, and the animals toiled harder than ever, thinking it well worth while to plod to and fro all day with blocks of stone if by doing so they could raise the walls another foot. [5] Boxer would even come out at nights and work for an hour or two on his own by the light of the harvest moon. [6] In their spare moments the animals would walk round and round the half-finished mill, admiring the strength and perpendicularity of its walls and marvelling that they should ever have been able to build anything so imposing. [7] Only old Benjamin refused to grow enthusiastic about the windmill, though, as usual, he would utter nothing beyond the cryptic remark that donkeys live a long time.

[8] November came, with raging south-west winds. [9] Building had to stop because it was now too wet to mix the cement. [10] Finally there came a night when the gale was so violent that the farm buildings rocked on their foundations and several tiles were blown off the roof of the barn. [11] The hens woke up squawking with terror because they had all dreamed simultaneously of hearing a gun go off in the distance. [12] In the morning the animals came out of their stalls to find that the flagstaff had been blown down and an elm tree at the foot of the orchard had been plucked up like a radish. [13] They had just noticed this when a cry of despair broke from every animal's throat. [14] A terrible sight had

met their eyes. The windmill was in ruins.

George Orwell: *Animal Farm*

語句

- none too...：「それほど…ではない」
- compensate：「相殺する、埋め合わせをする」
- a stretch of...：「一続きの…、ある程度続いた…」
- worth while：「価値がある」
- plod：「コツコツと働く」
- to and fro：「行ったり来たり」
- by one's own：「1人で、自分だけで」
- perpendicularity：「直立」
- cryptic：「謎めいた」
- squawk：「ガーガー鳴く、わめきたてる」
- flagstaff：「旗竿」
- elm tree：「ニレの木」
- just...：「…したばかり、…してすぐ」
- in ruins：「崩壊して」

QUIZ ここがわかると面白い！

① 第6文の下線部内の should はどういう用法？

（➡正解は…P.236）

② 第6文の下線部内の anything はどうして something

ではなく anything になっている？ (➡正解は…P.238)

③ 第 13 文はどのように訳すとよい？ (➡正解は…P.240)

英文解体

●第4文

After the harvest there was a stretch of clear dry weather, and the animals toiled harder than ever, thinking it well worth while to plod to and fro all day with blocks of stone if by doing so they could raise the walls another foot.

【全体の構造】

After the harvest
there was (V1)
a stretch of clear dry weather (S1)
, and
the animals (S2)
toiled (V2) harder than ever
, thinking... .←分詞構文

2 つの節を and が並列させている形で、前半は there 構文になっています。

ポイント

後半の節の末尾にある分詞構文 thinking... は「…だと

考えて」と理由を表すものですが、少し内部が複雑になっているので構造を確認しておきましょう。

【分詞構文の構造】

, thinking (V)

it (形式O)

well worth while (C)

to plod to and fro... stone (真O)

(if by doing so... foot).

thinking it well worth while to 不定詞の箇所は、think O C に加えて、it が形式上の目的語で、真の目的語である to plod... stone を受けていることを見逃さないようにしましょう。「もしそうすることで、1フィートでも壁を高くできるのであれば、一日中、石を持って行ったり来たりしながら働くことにも価値があると考えて」ということですね。

●第6文

In their spare moments the animals would walk round and round the half-finished mill, admiring the strength and perpendicularity of its walls and marvelling that they should ever have been able to build anything so imposing.

【全体の構造】

In their spare moments

the animals (S)

would walk (V) round and round the half-finished mill,

,admiring the strength and perpendicularity of its walls
and
marvelling that they should ever have been... imposing.
↑分詞構文

文末に動物たちの様子を描写した分詞構文が２つあり、それがandで並列されています。

ここがわかると面白い！の解説①

marvelling that they should ever have been... の should は義務の should と混同しないように注意が必要です。これは特に驚きや怒りなどの感情が込められた節で用いられる should で、「…するとは、…するなんて」などと訳されます。ここでは marvel「驚く」という動詞の驚きの内容を表す that 節であることから用いられています。

QUIZ ①の答え：「驚き」の感情を表現する用法

ここがわかると面白い！の解説②

続いて、同じ that 節内の、anything so imposing についてです。some と any の使い分けについては、肯定文なら some、否定文や疑問文なら any と習うかと思いますが、この that 節は一見すると、肯定文に近いものに見えます。では、どうして anything が用いられているのでしょうか。実は、英語の表現の中には、厳密には否定文や疑問文でなくとも、それに類する意味を持つ表現と見なされるために any が用いられる場面がいくつも存在します。以下の例を確認してみましょう。

例：
If **anyone** comes while I am away, please text me.
（if節）

I doubt **anybody** will be interested in this project.
（否定の意味を持つ動詞の目的語となる節内）

He left without saying **anything**.
（前置詞withoutの目的語）

I was surprised that **anyone** was interested in this project.
（驚きの内容などを表すthat節内）

　最後の例を見てもわかるとおり、この「類する表現」の中に surprised などの後に続く驚きを表す that 節も含まれているのです。とすると、今回の問題の箇所は marvel「驚く」という動詞の後に続く、まさに驚きを表現する that 節ですから、否定文に類する環境とみなされて、something ではなく anything が用いられていることが理解できますね。すでに気づいた人もいるかもしれませんが、同じ節内で用いられている ever についてもまったく同じ説明があてはまります。

QUIZ ②の答え：**驚きの内容を表現する that 節は否定文に類するものと見なされるため**

●第12文

In the morning the animals came out of their stalls to find that the flagstaff had been blown down and an elm tree at the foot of the orchard had been plucked up like a radish.

【全体の構造】

In the morning
the animals (S)
came (V) out of their stalls
to find that... .

SV の構造で、後半に to 不定詞句があります。ここでの to 不定詞句は目的ではなく結果を表し、「動物たちがねぐらから出てくると、…であることに気づいた」となる点に注意しましょう。

●第13文

They had just noticed this when a cry of despair broke from every animal's throat.

【全体の構造】

They (S)
　　had just noticed (V)
　　　　　　this (O)

when a cry of despair broke from every animal's throat.

シンプルなSVOの主節の後、whenの従える従属節が続いている形です。

ここがわかると面白い！の解説③

実は、このクイズは2.1の2の英文で扱った事項の復習のような形になっているのですが、気づいた人はいるでしょうか。65〜66頁で「主節である行為が進行中であることや完了したことを表現した後にwhen節が続く場合、主節がむしろ背景を説明していて、when節の内容の方が焦点となることが一般的」であること、重要な出来事や「意表を突く出来事が起こったり、変化を表現したりするような場面で用いられ」る物語文に頻出の形であることに言及しました。

この第13文は大嵐の被害を描写する中で読み手の視点を風車の崩壊という最も悲惨な事態へと向けるきっかけとなる1文ですから、まさにこの条件を満たしていると言えるでしょう。よって、この文も主節の内容を背景として、従属節であるwhen節にフォーカスした訳し方をする必要があります。

QUIZ ③の答え：**彼らがこれに気づくのとほぼ同時に、すべての動物の口から絶望の叫び声が上がった**

訳例

秋頃、動物たちは疲弊していたが幸せだった。厳しい1年間を過ごし、干し草とコーンの一部を売却した後は冬に備えた食料の蓄えもそこまで豊富にはなかったが、風車がすべてを相殺してくれた。今や、風車は半分まで完成していた。収穫の後、快晴の乾いた天気が一定程度続き、動物たちは、以前にもまして必死に働いた。石の塊を持って行ったり来たり動き回って働くのも、そうすることで壁をさらに1フィートでも高くできるのであればやりがいがあると考えてのことだ。ボクサーは夜の間も外に出て秋の月明かりをたよりに1、2時間単独で働いていた。空き時間に、動物たちは半分完成した風車の周囲を何度も歩いて回り、その壁の力強く直立する様子を褒め称え、これほど迫力のあるものを自分たちがつくることができたなんてと驚いていた。ベンジャミン翁だけは風車に熱中するのを拒んでいた。いつもどおり、ロバは長生きだ、という謎めいた言葉以外は何も言わなかったが。

吹き荒れる南西の風とともに11月になった。湿気が多すぎてセメントをこねることができなかったため、建設作業は中断せねばならなかった。とうとうある夜、風があまりにも激しく吹き荒れ、農場の建物が土台から揺れて、納屋の屋根からタイルが数枚吹き飛ばされるまでになった。雌鶏たちは恐怖でクワっと鳴き声を上げつつ目を覚ました。みな夢の中で同時に遠方での発砲の音を聞いたからだ。朝になって動物たちがねぐらから出てくると、旗竿が吹き倒されていて、果樹園のふもとのニレの木がカブのように根こそぎ引き抜かれていた。これに気づくのとほぼ同時に、絶望の叫び声がすべての動物の口から上がった。ひどい光景が彼らの目に入ったからだ。風車が崩壊していたのだ。

10

$_1$With one accord they dashed down to the spot. $_2$Napoleon, who seldom moved out of a walk, raced ahead of them all. $_3$Yes, there it lay, the fruit of all their struggles, levelled to its foundations, the stones they had broken and carried so laboriously scattered all around. $_4$Unable at first to speak, they stood gazing mournfully at the litter of fallen stone. $_5$Napoleon paced to and fro in silence, occasionally snuffing at the ground. $_6$His tail had grown rigid and twitched sharply from side to side, a sign in him of intense mental activity. $_7$Suddenly he halted as though his mind were made up.

$_8$"Comrades," he said quietly, "do you know who is responsible for this? $_9$Do you know the enemy who has come in the night and overthrown our windmill? $_{10}$SNOWBALL!" he suddenly roared in a voice of thunder. $_{11}$"Snowball has done this thing! $_{12}$In sheer malignity, thinking to set back our plans and avenge himself for his ignominious expulsion, this traitor has crept here under cover of night and destroyed our work of nearly a year. [13] Comrades, here and now I pronounce the death sentence upon Snowball. [14] 'Animal Hero, Second Class,' and half a bushel of apples to any animal who brings him to justice. [15] A full bushel to anyone who captures him alive!"

[16] The animals were shocked beyond measure to learn that even Snowball could be guilty of such an action. [17] There was a cry of indignation, and everyone began thinking out ways of catching Snowball if he should ever come back. [18] Almost immediately the footprints of a pig were discovered in the grass at a little distance from the knoll. [19] They could only be traced for a few yards, but appeared to lead to a hole in the hedge. [20] Napoleon snuffed deeply at them and pronounced them to be Snowball's. [21] He gave it as his opinion that Snowball had probably come from the direction of Foxwood Farm.

[22] "No more delays, comrades!" cried Napoleon when the footprints had been examined. [23] "There is work to be done. [24] This very morning we begin rebuilding the windmill, and we will build all through the winter, rain or shine. [25] We will teach this miserable traitor that he cannot undo our work so easily. [26] Remember, comrades, there must be no alteration in our plans: they shall be carried out to the day. [27] Forward, comrades! [28] Long

live the windmill! [29] Long live Animal Farm!"

George Orwell: *Animal Farm*

語句

- with one accord：「一斉に」
- levelled：「崩れて」
- litter：「雑然とした状態」
- twitch：「ピクピク動く」
- roar：「大声で叫ぶ」
- sheer malignity：「純粋な悪意」
- set back：「遅らせる」
- avenge oneself for...：「…に対して復讐する」
- ignominious：「不名誉な、屈辱的な」
- traitor：「裏切者」
- beyond measure：「並外れて、とんでもなく」
- indignation：「憤り、憤慨」
- rain or shine：「雨だろうが晴れだろうが、何が起こっても」

QUIZ ここがわかると面白い！

① 第14～第15文はどういう構造？ (➡正解は…P.248)

② 第26文の下線部の to the day はどういう意味？ (➡正解は…P.250)

英文解体

●第3文

Yes, there it lay, the fruit of all their struggles, levelled to its foundations, the stones they had broken and carried so laboriously scattered all around.

【全体の構造】

Yes, there it (S)
lay (V)
↑ , the fruit of all their struggles,

levelled to its foundations, the stones (they...) scattered all around.

↑分詞構文

文の基本構造はit (S) lay (V) で、動詞layの後に続く名詞句the fruit... strugglesがit (=the windmill) を言い換えることで補足説明を加えています。

ポイント

levelled以下は、状況説明をする分詞構文ですが、後半のthe stones... scattered aroundは独立分詞構文の形で、the stones... laboriouslyがscattered all aroundの意味上の主語になっていることに注意しましょう。意味としては、「彼らがあれほど一所懸命に砕いて運んだ石が辺り一面に散らばった状況で」となります。

●第6文

His tail had grown rigid and twitched sharply from side to side, a sign in him of intense mental activity.

【全体の構造】

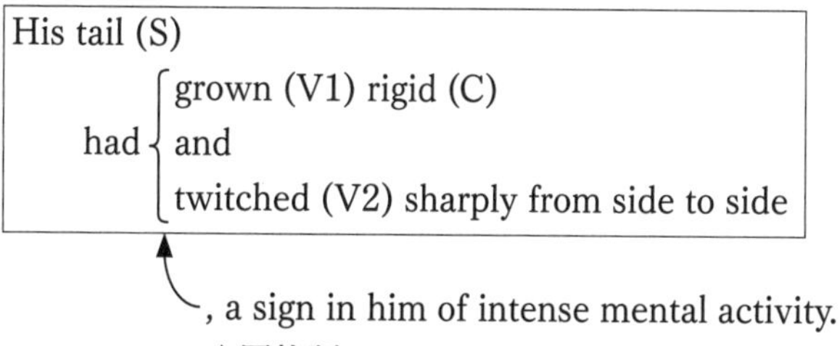

助動詞の had につながる 2 つの本動詞（助動詞に対して一般の動詞）grown と twitched が and で並列されている形です。

ポイント

後半の a sign... はそこまでの内容全体を受けて名詞句で言い換える形の同格語です。「ナポレオンの尾がこわばり、左右にピクピクと動いていた」というのが何のサインなのか、どういうことを意味しているのかを説明しています。a sign の後の 2 つの前置詞句 in him と of intense mental activity は両方とも a sign につながり、「彼における、猛烈な精神活動のサイン」→「彼がものすごく頭を働かせているサイン」となる点にも注意しましょう。

●第12文

In sheer malignity, thinking to set back our plans and avenge himself for his ignominious expulsion, this traitor has crept here under cover of night and destroyed our work of nearly a year.

【全体の構造】

In sheer malignity

, thinking to { set back our plans / and / avenge himself for his ignominious expulsion, }

↑分詞構文の挿入

this traitor (S)

{ has crept (V1) here under cover of night / and / destroyed (V2) }

our work of nearly a year (O).

, thinking... expulsion, までは理由を表す分詞構文が挿入された形です。thinking to の to につながる不定詞が、set ... と avenge... の2つあり、それが and で並列されています。

●第14~15文

'Animal Hero, Second Class,' and half a bushel of apples

to any animal who brings him to justice. [15] A full bushel to anyone who captures him alive!"

【全体の構造】

'Animal Hero, Second Class,' and half a bushel of apples
↑名詞句
to any animal who brings him to justice.
↑前置詞句

A full bushel
↑名詞句
to anyone who captures him alive!"
↑前置詞句

ここがわかると面白い！の解説①

この2文は、上の構造図を見てもわかるとおり、いずれも名詞句＋ to の前置詞句というやや特殊な形で構成されており、動詞が存在しません。これはどのように考えればよいでしょうか。

ヒントは、名詞句が表現しているのが、「階級」や食料となる「リンゴ」であるという点です。ここから、これらの名詞句が何らかの報奨、褒美のようなものを表しているのではないかと考えれば、ここは「スノーボールに正義の裁きを与えたものには動物英雄二等の階級とリンゴ半ブッシェル（を与える）」「スノーボールを生け捕りにしたものにはリンゴ1ブッシェル（を与える）」ということを言おうとしているのではないかと判断できますね。

これらの文は厳密に言うと文法的ではなく、冒頭にI'm givingなどを補って考える必要がありますが、何かを宣言するような場合には名詞句と前置詞句から構成される文も一定数存在します。以下はその典型例です。

例：
Happy birthday to you!
「お誕生日おめでとう」

Congratulations on your graduation.
「卒業おめでとう」

QUIZ ①の答え：**動詞がない特殊な形。I'm givingなどを先頭に補って考える**

●第21文

He gave it as his opinion that Snowball had probably come from the direction of Foxwood Farm.

【全体の構造】
He (S)
　gave (V)
　　it (形式O) as his opinion
　　that Snowball had probably come... (真O).

itは形式主語で真の主語である後ろのthat節を受けています。

● 第26文

Remember, comrades, there must be no alteration in our plans: they shall be carried out to the day.

【全体の構造】

Remember, comrades,
there
　must be (V1)
　　　no alteration (S1) in our plans
:
they (S2)
　　shall be carried out (V2)
　　　　　　　　　　to the day.

Remember, comrades「忘れてはならぬぞ、同志たちよ」という呼びかけの後、2つの節がコロン（:）で並列されている形です。前半の節は there 構文になっています。

ここがわかると面白い！の解説②

to the day の意味はすんなりと理解できたでしょうか。なんとなく文字の意味を拾って「その日まで」などと解釈してもよくわかりませんね。この day は実は単位としての「日」を指しており、to the day 全体は「1日単位に至るまできっかりと」という意味を表現しています。同様の言い回しは他の語でも用いられます。

例：

The trains were on time <u>**to the minute**</u>.
→1分単位までしっかりと
「電車はきっかり時間どおりだった」

Taro obeyed his teacher's instructions <u>**to the letter**</u>.
→1文字レベルまでしっかりと
「太郎は先生の指示に忠実に従った」

QUIZ ②の答え：**1日単位まできっかりと→1日も遅れることなく**

訳例

動物たちは一斉にその場へ駆け寄った。ナポレオンも、普段は滅多に歩くこと以外しないが、皆の先頭になって走った。間違いなく、彼らの努力の結晶とも言える風車はそこに横たわっており、土台まで崩れ落ちて、あれほど一所懸命に砕いて運んだ石が辺り一面に散らばっていた。最初は誰も言葉を発することができず、崩れ落ちた石の散らばった様を立ったまま悲しげに見つめていた。ナポレオンは黙ったまま行ったり来たりし、時折、地面の臭いを嗅いだ。尾はこわばり、左右にピクピクと動いていたが、これはものすごく頭を働かせているサインだった。突如、決心がついたかのように、立ち止まった。

彼は静かにこう言った。「同志たちよ、これは誰の仕業かわかるかね。夜にここにやってきて、我々の風車を打ち倒した敵を知っているかね。スノーボールだよ！」彼は突然、雷のような大声で叫んだ。「スノーボールがこれをやったんだ。純粋に悪意から、我々の計画を遅らせ、不名誉な追放を受けたことの復習をしようと考えて、あの裏切り者は夜の闇に隠れてここに忍び込み、ほぼ1年間にも及ぶ我々の仕事の成果を破壊したんだ。同志たちよ。今ここに私はスノーボールに対して死刑を宣告する。ヤツに裁きを与えた者には動物英雄勲二等とリンゴ半ブッシェルを授ける。生け捕りにした者には1ブッシェルだ」

動物たちは、いくらスノーボールでもこのような罪深い行為に手を染めることがありえるのかと、とてつもなく衝撃を受けた。憤慨の叫び声が上がり、スノーボールが万が一にでも帰ってきた場合に捕まえる方法を皆が考え始めた。まもなくして、鐘から少し離れたところの草地で豚の足跡が見つかった。数ヤードしか跡をたどることはできなかったが、生け垣の穴の方に通じているように見えた。ナポレオンはその足跡の臭いをじっくりと嗅ぎ、スノーボールのものだと宣言した。スノーボールはおそらくフォックスウッド農場の方からやってきたのだろうと意見を述べた。

「これ以上の遅れは許されない」と、足跡を調べ終えてナポレオンが叫んだ。「仕事をせねばならない。今、この瞬間から風車の再建を始める。冬の間も、晴雨にかかわらず建設を行う。あのみじめな裏切者に我々の仕事をそう簡単にはぶち壊すことはできないと教えてやろう。忘れるな、同志たちよ。計画に変更があってはならない。一日たりとも遅れることなく遂行されねばならぬ。前進だ。同志たちよ。風車ばんざい！　動物農場ばんざい！」

おわりに

さて、ここまで、童話から短編、さらには長編の抜粋に至るまでさまざまな文章に取り組んできましたが、英文鑑賞の旅はいかがでしたでしょうか。英文の面白さや描写の巧みさは、見るからに複雑な語句や文法ではなく、日常でも目にしそうなシンプルなフレーズや言い回しの中に意外にも隠れているということを体験していただけたのではないでしょうか。本書で味わってきた作品は、学習者用に易しく書かれたものではなく、英語圏でも読み物として出版されている文学作品です。その文章をここまで読み解いてきたわけですから、皆さんはすでにご自身で作品を選択し、英文を鑑賞していく準備ができているはずです。本書の作品はすべてインターネット上でも公開されているので、手始めに第1～3章の中で特に興味を惹かれた作品を選び、それと関連のあるものを読んでみてもよいかもしれません。これをきっかけに皆さんが魅力あふれる英文鑑賞の世界に飛び込んでいってもらえることを願ってやみません。

本書の企画は、SBクリエイティブ学芸書籍編集部の山田涼子さんにご提案いただいたことで始まりました。その後も構成や内容の吟味の段階で、多くのご助言をいただき、このような形で完成させることができました。山田さんにはこの場を借りて御礼申し上げます。

北村 一真

主要参考文献

Aarts, Bas, Jill Bowie and Gergana Popova (eds). 2020. *The Oxford Handbook of English Grammar.* Oxford University Press.

Biber, Douglas, Stig Johansson, Geoffrey Leech, Susan Conrad and Edward Finegan. 2021. *Grammar of Spoken and Written English.* John Benjamins.

Dorgeloh, Heidrun and Anja Wanner. 2023. *Discourse Syntax: English Grammar Beyond the Sentence.* Cambridge University Press.

Huddleston, Rodney D. and Geoffrey K. Pullum eds. 2002. *The Cambridge Grammar of the English Language.* Cambridge University Press.

Pinker, Steven. 2014. *The Sense of Style: The Thinking Person's Guide to writing in the 21st Century.* Penguin Group (LLC).

Quirk, Randolph, Sydney Greenbaum, Geoffrey Leech and Jan Svartvik. 1985. *A Comprehensive Grammar of the English Language.* Longman.

市河三喜編 . 1940.『英語學辭典』研究社 .

伊藤和夫．[(1977) 2017]『英文解釈教室（新装版）』研究社．
井上義昌編．1966.『詳解 英文法辞典』開拓社．
江川泰一郎．1991.『英文法解説（改訂三版）』金子書房．
大塚高信編．1970.『新英文法辞典（改訂増補版）』三省堂．
齋藤秀三郎．[(1952) 2016]『熟語本位 英和中辞典（新版）』岩波書店．
細江逸記．1926.『英文法汎論』泰文堂．

引用文献一覧

はじめに

Jean Webster (1912) *Daddy-Long-Legs.* Project Gutenberg.
https://www.gutenberg.org/cache/epub/157/pg157-images.html

第1章

1.1 "The North Wind and the Sun" in *Aesop's Fables.* Project Gutenberg.
https://gutenberg.org/files/21/21-h/21-h.htm#link2H_4_0234

1.2 "The Shepherd's Boy and the Wolf" in *Aesop's Fables.* Project Gutenberg.
https://gutenberg.org/files/21/21-h/21-h.htm#link2H_4_0075

1.3 “The Hare and the Tortoise” in *Aesop’s Fables.* Project Gutenberg.
https://gutenberg.org/files/21/21-h/21-h.htm#link2H_4_0018

1.4 “Mercury and the Workmen” in *Aesop’s Fables.* Project Gutenberg.
https://gutenberg.org/files/21/21-h/21-h.htm#link2H_4_0251

第2章

2.1 ①〜⑤

Lafcadio Hearn (1904): “Yuki-Onna” in *Kwaidan: Stories and Studies of Strange Things.* Project Gutenberg.
https://www.gutenberg.org/cache/epub/1210/pg1210-images.html#chap11

2.2 ①〜③

Ambrose Bierce (1909): “John Mortonson’s Funeral” in *Can Such Things Be?* Project Gutenberg.
https://www.gutenberg.org/cache/epub/4366/pg4366-images.html#page252

第3章 ①〜⑩

George Orwell (1945) *Animal Farm.* Project Gutenberg Australia.
https://gutenberg.net.au/ebooks01/0100011h.html

写真提供：iStock

著者略歴

北村一真（きたむら・かずま）

1982年生まれ。2010年慶應義塾大学大学院後期博士課程単位取得満期退学。学部生、大学院生時代に関西の大学受験塾、隆盛ゼミナールで難関大学受験対策の英語講座を担当。滋賀大学、順天堂大学の非常勤講師を経て、09年杏林大学外国語学部助教、15年より同大学准教授。著書『英文解体新書』『英文解体新書2』（ともに研究社）、『英語の読み方』『英語の読み方 リスニング篇』（ともに中公新書）、『英文読解を極める』（NHK出版新書）、『上級英文解釈クイズ60』（左右社）。共著『上級英単語 LOGOPHILIA』（アスク）など。

SB新書　663

名文で学ぶ英語の読み方

2024年8月15日　初版第1刷発行

著　　者　北村一真
発 行 者　出井貴完
発 行 所　SBクリエイティブ株式会社
〒105-0001 東京都港区虎ノ門2-2-1
装　　丁　杉山健太郎
本文デザイン
D　T　P　株式会社 RUHIA
校　　正　有限会社 あかえんぴつ
編　　集　山田涼子（SBクリエイティブ）
印　　刷　中央精版印刷株式会社

本書をお読みになったご意見・ご感想を下記URL、
または左記QRコードよりお寄せください。
https://isbn2.sbcr.jp/22954/

落丁本、乱丁本は小社営業部にてお取り替えいたします。定価はカバーに記載されております。
本書の内容に関するご質問等は、小社学芸書籍編集部まで必ず書面にて
ご連絡いただきますようお願いいたします。

ISBN 978-4-8156-2295-4